本书出版得到了广东省教育科学课题资助，项目名称为"高等学校法科学生'多元'KAQ 培养模式研究"，立项项目号为 2015GXJK123，且本书为该项目最终成果

高等学校法科学生
"多元" KAQ培养模式研究

Gaodeng Xuexiao Fake Xuesheng
"Duoyuan" KAQ Peiyang Moshi Yanjiu

邱雪梅 著

暨南大学出版社
JINAN UNIVERSITY PRESS

中国·广州

图书在版编目（CIP）数据

高等学校法科学生"多元"KAQ培养模式研究／邱雪梅著. —广州：暨南大学出版社，2019. 12
ISBN 978 - 7 - 5668 - 2817 - 0

Ⅰ.①高…　Ⅱ.①邱…　Ⅲ.①高等学校—法律—人才培养—培养模式—研究—中国　Ⅳ.①D92 - 4

中国版本图书馆 CIP 数据核字（2019）第 276626 号

高等学校法科学生"多元"KAQ培养模式研究
GAODENG XUEXIAO FAKE XUESHENG DUOYUAN KAQ PEIYANG MOSHI YANJIU

著　者：邱雪梅

出 版 人：徐义雄
策划编辑：杜小陆
责任编辑：黄　颖　刘宇韬
责任校对：孙劭贤
责任印制：汤慧君　周一丹

出版发行：暨南大学出版社（510630）
电　　话：总编室（8620）85221601
　　　　　营销部（8620）85225284　85228291　85228292（邮购）
传　　真：（8620）85221583（办公室）　85223774（营销部）
网　　址：http://www.jnupress.com
排　　版：广州良弓广告有限公司
印　　刷：广州市快美印务有限公司
开　　本：787mm×960mm　1/16
印　　张：9.5
字　　数：180 千
版　　次：2019 年 12 月第 1 版
印　　次：2019 年 12 月第 1 次
定　　价：39.80 元

（暨大版图书如有印装质量问题，请与出版社总编室联系调换）

目　录

绪　论

一、问题的提出

（一）新时代法治中国的高等法学教育培养目标

"'法律教育的得失，有关于国家的盛衰'，这话并非过言。"[①] 法学是高等教育中最早的专业。世界上最古老的大学——意大利博洛尼亚大学建校伊始设立的唯一学科即是法学。[②] 中国的法律教育历史源远流长，但高等学校的法学教育仅有百余年的历史。[③] 自 1895 年第一所新式大学天津中西学堂开设法科以来，我国目前已有 629 个法学本科专业学科点，法学专业在校生总数达到了 30 多万人。[④] 回顾百余年来高等学校的法学教育，尤其是改革开放四十多年来的变迁，法学教育取得了斐然业绩，为中国法治建设培养了数以十万计的优秀法治人才，为新时代中国法治建设厚植了人才基础。然而，在今天社会转型和全球化浪潮下，层出不穷的新问题和大挑战也令人对中国的高等法学教育有了新的期许。2014 年 10 月 23 日，中国共产党第十八届中央委员会第四次全体会议通过了《中共中央关于全面

---

① 孙晓楼等：《法律教育》，中国政法大学出版社 2004 年版，第 4 页。

② 12 世纪初，意大利法学家伊尔涅里乌斯（Imerius，1050—1125）在意大利北部博洛尼亚创办法律大学，讲授罗马法，一时学术昌明，人才辈出，博洛尼亚成为西欧研究罗马法的中心。［德］弗朗茨·维亚克尔著，陈爱娥、黄建辉译：《近代私法史：以德意志的发展为观察重点》，上海三联书店 2006 年版，第 33 - 43 页。

③ 在本书中，法律教育和法学教育是两个不同的概念，前者的外延更大，既包括专门化的高校法学教育，也包括对法律人法律实务技能的培养和社会一般的法律教育。而法学教育主要指高等学校对法科学生的培养，系统性地传授法律知识和培养法律职业能力，具有较严的职业伦理性。参见胡平仁：《我国法学教育的目标定位与人才培养模式改革》，载《法学教育研究》2010 年第 2 期，第 106 页。

④ 刘坤轮：《新常态下的中国法学教育：背景与趋势》，载《人民法治》2019 年第 10 期，第 100 页。

推进依法治国若干问题的决定》，该决定第一次提出了要"创新法治人才培养机制"。而创新法治人才的培养机制首先要明确的是法学教育的目标是什么？"我们要培养的法律人才应当同时具备人文素养、专业能力、职业伦理、实践能力等多方面的素质。"① 2018 年 10 月 8 日，中华人民共和国教育部（以下简称"教育部"）和中国共产党中央政法委员会（以下简称"中央政法委"）发布了《关于坚持德法兼修实施卓越法治人才教育培养计划 2.0 的意见》（以下简称"卓越法治人才培养计划 2.0"）。该意见进一步明确了培养卓越法治人才的总体目标，即"坚持以马克思主义法学思想和中国特色社会主义法治理论为指导，围绕建设社会主义法治国家需要，坚持立德树人、德法兼修，践行明法笃行、知行合一，主动适应法治国家、法治政府、法治社会建设新任务新要求，找准人才培养和行业需求的结合点，深化高等法学教育教学改革，强化法学实践教育，完善协同育人机制，构建法治人才培养共同体，打造一流法学专业，培育一流法治人才，为全面推进新时代法治中国建设提供有力的人才智力保障"。

（二）新时代法治中国的高等学校法科学生培养模式的改革

高等学校法科学生培养模式是指在法学教育培养目标指导下，实现培养目标的方式，包括培养方案、课程设置和教学方法等内容。显然，培养目标和培养模式二者之间是目的和手段的关系。前者是后者建立和转变的前提，并决定了后者的具体规则体系。② 前文已述，新时代法治中国高等法学教育的培养目标首先是要培养德法兼修（即具有多元素质）的合格的法治人才，在此基础之上，更要培养出一批拔尖的法治人才。那么，根据此目标，究竟应该如何在现行高等教育制度的框架下对法科学生培养模式进行改革？如何培养出符合社会主义法治国家要求且具有"多元"知识（Knowledge）—能力（Ability）—素质（Quality）的法治人才？下文拟从检讨我国法科学生"多元"KAQ 培养模式的运行历史和现状出发，借鉴域

---

① 王利明：《法学教育的使命》，载《中国法学教育研究》2017 年第 1 辑，第 4 页。
② 张庆章：《社会变迁背景下的中国法学教育——以 1977—2007 中国法学教育指导原则的演变为视角》，西南政法大学博士学位论文，2008 年，第 2 页。

外高等学校法学教育改革的先进经验，参考学者们提出的有创见性的改革方案，以期提出若干适合我国固有国情和基本价值的建议。

二、我国理论研究综述

（一）理论研究初期综述

我国专文研究高等学校法科学生培养模式的文献不多。笔者在中国知网上以"法科学生培养模式"为关键词进行搜索，仅有 4 篇论文。学者们主要以"法律人才培养模式"或"法学人才培养模式"为题讨论高等学校法科学生的培养模式。因此，下文主要以"法律人才培养"或"法学人才培养"为关键词进行文献整理和综述。

1998 年，中国政法大学赵相林教授在《中国法律人才培养的目标》一文中基于 1995 年《中华人民共和国教育法》的相关规定，明确主张我国法学本科教育的培养目标应该是知识、能力、素质的三者结合，应该培养德、智、体等全面发展的高级法律专门人才。[①] 但该文未讨论在此目标下究竟该如何建构我国的法律人才培养模式。陈铁水教授连续发表了《中日法律人才培养模式比较》和《日本法律人才培养模式的评析与启示》两篇论文，主要采用比较法的研究方法，借鉴日本法学教育的经验，主张完善我国法律人才模式之策应为：其一，法学教育目的应有职业性；其二，资格考试应全国统一；其三，继续教育应成为普通教育的补充。[②] 1999 年，《法学家》第 1 期刊登了司法部法律继续教育培训团赴美培训专题考察报告《美国法律人才培养模式》。此报告主要从美国法学教育的培养目标、招生对象、课程设置、教学方法、教学内容和毕业生的去向这六个方面介绍和分析美国法律人才培养模式。[③] 由此可见，理论界最初主要参考域外的法律人才培养模式，提出关于法学教育的培养目标、招生对象、教学方

---

① 赵相林：《中国法律人才培养的目标》，载《法学家》1998 年第 5 期，第 104 页。

② 陈铁水：《日本法律人才培养模式的评析及启示》，载《云南法学》1998 年第 1 期，第 104 – 111 页。

③ 张奎宗、王红：《专题考察报告之二：美国法律人才培养模式》，载《法学家》1999 年第 Z1 期，第 254 – 256 页。

法和评价考核等方面的设想和建议。在研究初期,究竟什么是法律人才的培养模式?我国的法律人才培养模式的具体内容是什么?学者们似乎尚未深入地进行思考。

(二)理论研究转折期综述

2002 年,我国司法制度改革不断深入,开启了国家统一司法考试制度。初任法官、初任检察官和取得律师资格必须通过国家司法考试。此项改革深刻地影响了我国高校法科学生的培养模式的定位与发展。学者们逐渐意识到法律职业的特殊性决定了法律人才培养模式的特殊性。霍宪丹教授撰写了一系列有影响力的论文。《法律职业与法律人才培养》一文即为典型代表。该文较为深入地探讨了法律人才培养模式的定位与具体内容。他主张法律人才培养模式应立足于法律职业的特殊性。因此,法律人才培养模式是与法律职业相适应、相配套的教育、考试和培训制度。而其中高等学校的法科教育是法律的学科教育,亦可称为通识教育,此种教育应综合科学教育、人文教育与法律专业教育。[①] 三年之后,他在《法律人才培养模式的反思与探索》一文中则对法律人才培养模式的结构和特点、国外法律人才培养模式的比较与分析和我国法律人才培养模式的重构展开了深入讨论。这一系列论文界定了法律人才培养模式的概念,并对我国法律人才培养模式的具体内容进行了探讨,为高等学校法科学生培养模式的研究奠定了较好的理论基础。2006 年,随着法律硕士(J. M)结束试点并转向正规化,学界关于高等学校法学教育的首要目标是"为法律职业群体提供基本的教育"逐步达成共识,越来越多的研究者呼吁应强调法学教育的职业导向。[②] 但纵观此时期的文献,研究者多是在法学教育与法律职业相结合的框架下讨论高校法科学生的培养模式,在培养模式的具体内容方面并没有取得更大的突破。

---

① 霍宪丹:《法律职业与法律人才培养》,载《法学研究》2003 年第 4 期,第 84 页;霍宪丹:《中国法治的造型基因——简论国家司法考试制度的建立与法律人才培养模式的重塑》,载《环球法律评论》2004 年第 4 期,第 441 – 442 页。

② 易继明:《中国法学教育的三次转型》,载《环球法律评论》2011 年第 3 期,第 33 页。

（三）理论研究深入期综述

1. KAQ 法学人才培养模式理论的提出

2010 年，付子堂教授主编的《当代中国转型期的法学教育发展之路》专章讨论了法学人才培养模式。该书分析了我国法学人才培养模式，认为在高等学校法律教育阶段，以"五院四系"为代表已经形成了基本范式——KAQ 法学人才培养模式。同时，各高校根据学校定位、学科发展和办学特色，又形成了三种基本形态：一是以西南政法大学、西北政法大学、华东政法大学为典型的侧重于专业教育的"实务型"KAQ 法学人才培养模式；二是以北京大学法学院、中国人民大学法学院为代表的侧重于通识教育的"素质型"KAQ 法学人才培养模式；三是以武汉大学、吉林大学、中南财经政法大学法学院和中国政法大学为代表的侧重于跨专业教育的"复合型"KAQ 法学人才培养模式。但是，"五院四系"的 KAQ 法学人才培养模式仍存在一些问题，应通过法学学科专业的设置、课程体系的改革、教学内容的科学化、培养方法的现代化和教学管理机制的弹性化等路径进行改革。[①] 该理论的提出与前述法学本科法学教育目标一脉相承，并为分析我国高等学校法科学生"多元"KAQ 培养模式构建了基本框架。本文的研究正是在此理论框架下，根据新的文献和各高校新的实践，对该理论进行补充和完善的尝试。

2. 卓越法律人才培养模式理论的提出

2011 年 12 月 29 日，教育部与中央政法委共同印发了《关于实施卓越法律人才教育培养计划的若干意见》（以下简称"卓越法律人才培养计划"）。该文件不仅是教育行政主管部门颁布的第一份涉及法学高等教育的专门指导性文件，而且是教育部在社会科学领域最先实施的卓越人才培养计划。在此背景下，理论界提出了构建卓越法律人才培养模式的设想，这标志着高等学校在法科学生培养方向上开始重视质量，期望能通过准确定位培养目标、科学设计课程体系和创新教学方法等途径，培养出一批高素质的法律人才。

[①] 付子堂主编：《当代中国转型期的法学教育发展之路》，法律出版社 2010 年版，第 76 - 87 页。

李仁玉教授明确指出:"卓越法律人才的培养牵涉到素质、知识和能力等要素。素质培养是根本,知识培养是内核,能力培养是关键。"[①] 实质上,李教授主张的是,在卓越计划下高等学校法科学生的培养模式仍应沿用 KAQ 的基本模式。在坚持 KAQ 的基本模式基础上,学者们达成的共识主要有:其一,分类培养卓越法律人才;其二,强化法学实践教学环节;其三,调整课程体系,优化教学内容;其四,采用多元的教学方法;其五,改革考试考核制度。[②] 然而,学者们在部分问题上仍存在重大分歧。首先,关于卓越法律人才的定位,究竟是采"法律精英说",还是采"法律职业人才说",抑或是采"社会需要的法律人才说"?目前尚未达成共识。[③] 其次,关于卓越法律人才的培养标准,就已有的研究成果来看,主要形成了三种模式,即一般性标准研究、特殊性标准研究和综合性标准研究。[④] 最后,关于法律人才培养模式的实现路径见解各异,有的主张其核心是课程与教学内容的改革,有的认为要根据学校特色拓展非法学教育领域,有的力主将以案例分析为主的实践教学纳入整体教学计划,还有的提出要完善质量监控、师资保障和经费保障机制。[⑤] 总而言之,卓越计划提出后的十余年来,理论界关于卓越法律人才培养模式的研究已经比较成熟了,仅在少数问题上尚须继续深入地探讨。

3. 卓越法治人才培养模式理论的提出

随着党的十八届四中全会作出全面推进依法治国的重大决定后,法治人才培养得到前所未有的重视。2017 年 5 月 3 日,习近平总书记在中国政法大学考察时强调:"法治人才培养上不去,法治领域不能人才辈出,全

---

① 李仁玉:《卓越法律人才培养的定位和要素》,载徐祥民主编:《以培养卓越法律人才为目标:法律人才培养模式改革研究》,中国法制出版社 2015 年版,第 7 页。

② 参见孟庆瑜、陈玉忠等著:《应用型、复合型卓越法律人才培养模式改革研究:河北大学法律人才培养模式改革与实践》,法律出版社 2016 年版,第 5 - 24 页。

③ 参见许身健:《卓越法律人才教育培养计划之反思与重塑》,载《交大法学》2016 年第 3 期,第 22 - 23 页。

④ 参见宋鸿雁、闫亚林:《我国法学教育质量标准的相关问题研究》,载《法学教育研究》2016 年第 2 期,第 82 - 93 页。

⑤ 参见蒋新苗:《加快构建中国特色法学人才体系》,载《中国大学教学》2017 年第 5 期,第 35 - 37 页。

面依法治国就不可能做好。"2018 年 10 月 8 日，教育部和中央政法委新出台的"卓越法治人才教育培养计划 2.0"，绝不是从"卓越法律人才"到"卓越法治人才"简单的称谓上的变化，而是内涵的丰富化和标准的具体化。有学者根据中国政法大学多年的实践，主张建设具有中国特色的"跨学科专业、跨理论实践、跨学院学校、跨国家地区"的"四跨"卓越法治人才培养模式。① 有学者提出新时代的卓越法治人才培养模式应突破"司法中心主义"，增强法治人才培养的复合性和实践性。最核心的两点是：第一点是落实德法兼修的要求，第二点是推进实质化的协同育人。② 还有学者认为，我国当前法学教育的"高中后 + 四年制"的大学本科主体的培养模式不足以培养出经验型、技术型的法治人才，建议调整法学教育的培养模式，将法律职业的实践导向真正贯彻到法学教育的培养过程中，切实加强法律实训课程体系建设，强化法律实践教学，在法律实训和法律实践教学中培养法科学生的法律职业伦理和法律职业技能。③ 总体而言，关于卓越法治人才培养模式的研究是卓越法律人才培养模式探讨的拓展，重点是讨论如何培养出德法兼修且具有法律职业伦理精神的卓越法治人才。

三、国外理论研究综述

（一）德国和法国理论研究综述

"高等学校法科学生培养模式"是我国高等教育教学改革的产物。④ 国

---

① 卢春龙：《"四型人才"导向的"四跨"——中国政法大学法治人才培养新模式》，载《政法论坛》2019 年第 2 期，第 23 页。

② 郋占川：《新时代卓越法治人才培养之道与术》，载《政法论坛》2019 年第 2 期，第 40 - 43 页。

③ 刘坤轮：《新常态下的中国法学教育：背景与趋势》，载《人民法治》2019 年第 10 期，第 104 页。

④ 严格意义上，此概念是"人才培养模式"的衍生概念。人才培养模式概念产生于 20 世纪 80 年代后期，法律化于 20 世纪 90 年代。1996 年 3 月，在八届人大四次会议批准的《中华人民共和国国民经济和社会发展"九五"计划和 2010 年远景目标纲要》中提出"要积极推进教学改革，改革人才培养模式，改革教学内容和课程设置"，人才培养模式及其改革的研究与实践随之成为高等教育教学改革的热点。参见付子堂主编：《当代中国转型其的法学教育发展之路》，法律出版社 2010 年版，第 72 页。

外的理论研究中并无相对应的概念。因此，关于国外理论研究的综述，德文以法学教育（der Juristenausbildung），英文则以"法学教育"（Legal Education）、法学课程（Law Curriculum）、评价过程（Assessment Process）等为关键词进行文献整理和分析。其他语种的理论研究综述则主要参考国内学者的中文文献。

早在19世纪后半期，德国理论学界就开始讨论法学教育的改革，但是"二战"之后才有较为深入的研究。1956年第一轮法学教育改革的讨论重点在于改革法学教育的模式。尽管当时的讨论充满热情，但在立法上并没有实质性的变化。在理论界不断地努力之下，1971年开始，各州可自由地进行实验性的"单阶型"法学教育模式，即将大学法学教育阶段和法务实习阶段两个阶段合二为一。然而，此项实验性改革最终失败了，1984年立法界对德国《法官法》（Deutsches Richtergesetz）重新进行修订，恢复了传统的两阶段法学教育模式。[①] 回归传统法学教育模式仅两年之后，学界又爆发了新的一轮法学教育改革讨论。此次讨论的核心主要在于缩短法学教育的时间、减少大学教学内容和国家统一考试内容应与大学教学内容与保持一致。[②] 2003年7月1日，德国法学教育史开启了新的篇章：《法学教育改革法》（Gesetz zur Reform der Juristenausbildung）正式生效。这意味着德国马拉松式的法学教育改革历程暂时告一段落。正如德国学者彼得·吉乐斯所言："法律教育改革的论争既已持续几十年，新法案又平添了许多新的争点和论题，眼下这一波改革也难免'一石激起千层浪'——德国法学教育究竟何去何从，论战恐怕还远没有了结的时候。"[③] 2003年德国法学教育改革法生效之后，有观点指出德国大学法学教育过于强调实证法，而忽略了经济、社会和哲学因素；另有观点认为德国大学法学专业学制过长，导致法科毕业生年龄偏大，不利于参与国际竞争；还有观点主张德国

---

① Horst – Diether Hensen & Wolfgang Kramer, *Welche Maβnahmen empfehlen sich – auch im Hinblick auf den Wettbewerb zwischen Juristen aus den EG – Staaten – zur Verkürzung und Straffung der Juristenausbildung？*. C. H. Beck, 1990, s19 – 21.

② Hans Hattenhauer, Juristenausbildung – Geschichte und Probleme, *Juristische Schulung*: Vol. 29, 1989.

③ ［德］Peter Gilles、［德］Nikolaj Fischer，张陈果译：《2003年德国法学教育改革法——兼论德国新一轮法学教育改革论战》，载《司法改革论评》2007年第1期，第217 – 221页。

大学法学教育"法官职业导向"早已不适用社会的发展。但是，学界主流观点仍认为瑕不掩瑜，总体上德国现行的法学教育制度是有效的。[①]

法国高等学校法学教育历史悠久，早在 1160 年，意大利注释法学派的代表人物普拉桑蒂努斯就在法国的蒙彼利埃创办了法科大学。[②] 与德国相似，法国第一次关于法学教育的大讨论在 19 世纪末全面展开，并在 1890 年左右达到高潮，几乎所有 19 世纪后的重要法学家都参与了讨论。学者们首先希望增加民法之外的课程，其次希望降低民法的重要性，并且改革民法的教学方法。1895 年，法国的高等法学教育对本科教学方案、博士制度、教师招聘制度进行了改革，从此构建了法国现代法学教育。随着"欧洲高等教育区"计划的实施和全球化浪潮的席卷，法国现代法学教育正经历着一场激烈的变革。2008 年，法国大学法学教学人员的职业协会向法国最高行政法院提起诉讼，要求撤销 2007 年承认巴黎政治学院大学"经济法"和"法律与司法事业"两个硕士专业毕业生和法学院硕士毕业生一样具有参加律师学院入学考试资格的行政命令。法国最高行政法院没有支持职业协会的主张。这意味着大学对法律教育的垄断不复存在。此举开启了持续至今的激烈辩论。有学者讽刺新的法律教育机构培养的不是法学家，而是"法律的厨师"。而新的法律教育机构的院长则以"法律的厨房"作为其著作的题目，阐述新的法学教育理念。关于法国法学教育改革的争论目前仍没有停止的迹象，也很难判断其中哪种主张会占主导地位。[③]

(二) 英国和美国理论研究综述

受大陆法系大学法学教育模式的影响，近代以来普通法系的美国和英国形成了各具特色的高等学校法学教育。1758 年英国的法学家布莱克斯通远渡重洋，将英国法律教育的根（大学法律教育）移植到了当时的北美殖

---

① 夏昊晗：《作为一种范式的德国法学教育——基于文本的分析和个人的体验》，载《高等教育评论》2016 年第 1 期，第 46 页。

② 张莉：《道器一体、学以致用——法国法学高等教育模式研究》，载《中国法学教育研究》2010 年第 1 辑，第 35 页。

③ 参见朱明哲：《全球化背景下的法国法学教育——体系性追求及其面临的挑战》，载《中国法学教育研究》2017 年第 2 辑，第 158 - 201 页。

民地，并用心浇灌使之成长壮大。因此，美国的法学教育从一开始就与大学结下了不解之缘。1787年美国通过《西北土地法》，从物质上对高等教育给予大力扶持，在此背景下，大学纷纷设置法律教授职位，开设专题讲座。1829年，哈佛大学的第一任戴恩法律讲座教授斯托里主张美国的法学教育应该是职业教育，学生毕业后应立即参加律师考试，从事法律实际工作。这是在总结英国法学教育的得失后进行的一次大胆的改革。从此之后，大学法学院成为美国法学教育的主体。与美国相比，英国的法学教育改革具有滞后性。直到1828年英国著名诗人托马斯·坎贝尔创建了伦敦大学，开设了法学课程，英国才有了真正意义的大学法律教育，大学开始加入了法学教育的主流之中。① 令人吃惊的是，在20世纪60年代之前，英美两国并没有出现关于法学教育的有影响力的学术研究成果。尤其是美国的学术界，除了卡内基基金会研究项目之外，几乎没有学者认真研究美国的法学教育。20世纪80年代，英美两国法学理论界开始涌现出有影响力的专门研究法学教育的文献。1982年，声誉卓著的教育家罗伯特·史蒂文斯出版了《法学院》一书。美国《法律与历史评论》评论："一部杰作。《法学院》尽显生花妙笔，将社会史、思想史和制度史融于一书。"该书以美国法学院为视角，叙述了19世纪50年代至20世纪80年代美国法学教育百年史，浓彩重笔地分析了哈佛法学院创设的"判例教学模式"为什么能成为美国大学法学院最重要的教学模式以及该模式遭受的质疑与批评，还着重介绍了法学院课程设置的发展和面临的问题，尤其是诊所式法学教育的来龙去脉。② 透过此经典著作，我们可以准确地总结出美国大学法学院传统法科学生培养模式及其所面临的问题。1983年，美国著名学者邓肯·肯尼迪自费出版了《法律教育与等级制度的再生产：法学院教育体系的批评》一书。该书提出了一种关于"法律教育应该变成什么"的激进精英教育的观点，从而引发了不少英美学者对普通法系高等法学教育的反思。③ 数十年来，英美两国的高等法学教育改革呼声此起彼伏，尤其是

---

① 参见韩慧：《英国近代法律教育转型研究》，山东大学博士学位论文，2010年，第40－53页。

② ［英］罗伯特·史蒂文斯著，李立风译：《法学院》，北京大学出版社2017年版，第7－10页。

③ ［美］邓肯·肯尼迪著，蔡琳译：《法律教育与等级制度的再生产：法学院教育体系的批评》，中国政法大学出版社2012年版，第1－10页。

2007 年后，全球法律服务市场出现了危机，普通法系的美国和英国高等学校法学教育面临诸多问题。例如，法学院的学费上涨、法学院毕业生就业困难、法学院入学人数减少等。2012 年，美国圣路易斯华盛顿大学布莱恩·Z. 塔玛纳哈教授在《走下神坛：美国法学院现状观察》①一书中，更是直指美国法学院所面临的窘境："2011 年，一系列公开报道揭露了法学院普遍存在的扭曲和不诚信的各种行径，这严重损害了法学院的声誉。全国法学院都在吹嘘其近年来的毕业生拥有极高的就业率和三位数的工资，然而，现实却截然相反。一些法学院以丰厚的奖学金吸引学生就读，可学生们并未意识到奖学金第二年就会被取消。这些法学院因此而饱受指责。"② 不少英美学者们从社会现状出发，纷纷呼吁应改革大学法学院的法学教育。除了讨论如何降低高昂的学费之外，为了进一步提升法学院的竞争力，他们主要围绕法学专业课程设计和评价过程的改革展开讨论。有学者指出："学生需要一个动态的课程，在理解和制定，经验和分析之间来回移动。法学院面临着对弥合分析和实践知识之间差距越来越迫切的需要，以及对更强大的职业诚信的需求。"③ 因此，如何设计法律实践课程模块，成为英美高等法学教育改革研究的热点之一。近年来，西方高等教育学的研究表明，最成功的学生是那些自己积极主导学习，能够自主思考、自我监督和具有自我负责的态度的。不少英美法学学者主张法学院的教学和评价也应从传统的以教师为中心转变为以学习者为中心，特别是让学生参与评价，进行自我评价和同伴评分，能够有效地促进学生主动学习。④

----

① 《走下神坛：美国法学院现状观察》（有学者译为《衰落的法学院》或《失败的法学院》）一书在相当程度上是塔玛纳哈教授依靠多年教学观察以及临时法学院院长的行政经历，对于法学院中行政管理、师资投入、学术竞争和学生状况的社会评论。该书在美国法学界与教育界产生了深刻而广泛的影响。塔玛纳哈本人因本书在美国《国家法学杂志》（*National Jurist*）举办的"全美最有影响力法学教育者"（Most Influential Legal Educator）评选中位列第一。参见孟涛：《美国法学教育模式的反思》，载《中国政法大学学报》2017 年第 4 期，第 155 – 156 页。

② ［美］布赖恩·Z. 塔玛纳哈著，秦洁译：《走下神坛：美国法学院现状观察》，法律出版社 2017 年版，第 1 – 2 页。

③ Jonny Hall, An Integrated Law Curriculum: Balancing Learning Experiences to Achieve a Range of Learning Outcomes, *Journal of International and Comparative Law*: Vol. 1, 2018, p. 74.

④ Jonathan Bainbridge & Clare Sandford – Couch, Legal History and Student Involvement in the Assessment Process, *Journal of International and Comparative Law*: Vol. 1, 2018, p. 259.

第一章 高等学校法科学生"多元"KAQ
培养模式之概念与构成

第一节 高等学校法科学生"多元"KAQ 培养模式概念

一、高等学校学生 KAQ 培养模式概念

高等学校学生 KAQ 培养模式是指高等学校采取一种知识（Knowledge）、能力（Ability）和素质（Quality）并进的培养学生的模式。具体而言，高等学校确立培养目标、设计培养方案，通过一系列教育教学活动使学生获取知识，构建起合理的知识结构，在此基础上，学生不断提升自身的能力，并内化为自身素质。根据 1995 年《中华人民共和国教育法》（以下简称《教育法》）的相关规定，同年年底浙江大学率先提出了 KAQ 人才培养模式的概念。[①] 这种人才培养模式是指高等学校为了培养高素质的人才，从知识、能力和素质三个维度为学生构建知识、能力和素质体系，以及实现这种体系的方式。关于这一模式的提法，虽然理论界一直存在不同的观点，[②] 但根据我国高校培养学生的实践，尤其是目前各校公开的本科生和研究生的培养方案，充分反映了 KAQ 培养模式是我国高校培养学生的基础模式。各校不仅在培养目标中对知识、能力和素质提出具体要求，而且紧紧围绕培养目标中对知识、能力和素质的要求来设计课程体系、培养方式、教学计划和考核制度。[③] 因此，本文选取这一概念作为最基本的分析工具。

---

① 潘云鹤：《KAQ 模式与研究生教育》，载《学位与研究生教育》1997 年第 2 期，第 3 页。

② 参见郭秀兰：《构建我国现代高等教育的 KAQ 人才培养模式》，华中师范大学硕士学位论文，2001 年，第 2－5 页。

③ 笔者主要通过互联网查询了各高校网站上公开的本科生和研究生培养方案，这些培养方案在培养目标模块中全部是围绕知识、能力和素质三方面进行阐述的。

二、高等学校法科学生"多元"KAQ 培养模式概念

传统的 KAQ 培养模式具体到法科学生培养中，是指在素质教育理念指导下，高等学校为学生构建的法学专业知识、法律实践能力和综合素质结构，以及实现这种结构的专业设置模式、课程体系构造形态、培养途径、教学运行与教学组织等运行机制。[①] 这种 KAQ 培养模式实质上是"单一型"的法学专业知识、能力和素质的培养模式。2011 年 12 月 23 日，教育部、中央政法委联合发布了"卓越法律人才培养计划"，明确提出了我国法律人才队伍应以复合型、应用型法律人才为主。在卓越法律人才培养计划的推动下，传统"单一型"的法科学生 KAQ 培养模式正式转向了新的"多元化"的 KAQ 培养模式。

高等学校法科学生"多元"KAQ 培养模式是指高等学校为法科学生构建具有合理的法学专业与非法学专业的多元知识结构，养成多元的学术能力、法律专业能力和创新创业实践能力，形成良好的综合素质（包括思想品德素质、政治素质、法律业务素质、身体和心理素质等），设置课程体系、教学活动和考核制度等一系列培养途径和方式。换言之，高校通过有计划的教育教学活动使法科学生具有全面且合理的多元知识体系，并在此基础上，培养其全面的学术能力、法律专业能力和创新创业的实践能力，并内化成自身综合素质，成为德、智、体、美全面发展，适应社会主义现代化建设的高素质人才。在高等学校法科学生"多元"KAQ 培养模式中，知识、能力和素质三个方面不是彼此独立，而是相辅相成的，通过不同层面相互之间的紧密联系构成促进法科学生的全面发展。其中，多元的知识体系是基础，是能力和素质的载体；多元的能力是在掌握知识体系基础上经过培养训练和实践锻炼而形成的；多元素质是将外在获得的知识、技能内化于人的身心，升华形成的比较稳定的品质和素养。下文将具体分析我国高等学校法科"多元"KAQ 培养模式的构成，即不同层次的法科学生究

---

① 付子堂主编：《当代中国转型期的法学教育发展之路》，法律出版社 2010 年版，第 76 页。

竟应具备哪些具体的知识、能力和素质。我们首先探讨法学本科学生"多元"KAQ 培养模式的构成。

第二节　高等学校法学本科学生"多元"KAQ 培养模式构成

一、知识

知识是高等学校培养学生的基础。关于本科层次的法科学生的知识要求，2018 年 4 月教育部法学教学指导委员会发布的《普通高等学校法学类本科专业教学质量国家标准》（以下简称"《国标》"）明确规定，本科层次的法科学生应了解人文科学和自然科学的基础知识，牢固掌握本专业的基本知识和基本理论，并形成合理的整体性知识结构。这是我国教育主管部门第一次从国家监管标准方面明确了法学本科生应具有复合型的知识体系，实质上反映了理论界和各大学法学院目前对法学本科生应具有的知识的一般标准所达成的共识。

早在 2003 年，房文翠教授就指出法学教育是围绕知识这一中心而运作的系统。法学教育中的知识可分为法律知识与非法律知识，规范知识与方法知识，国内法知识和外国法、国际法知识，事实知识和价值知识。虽然法律知识是培养学生法律素养的基础，理应在法学教育活动中占重要地位，但非法律知识是法学学科发展的动力，是学生广博知识修养养成的基础。在法学教育中重视传授其他学科知识，关系到大学法学院是培养只懂得法律的工匠，还是培养一流的法律人才的问题。[1] 还有学者指出，知识教育是整个法学教育的基础，也是我国传统法学教育的长处。但传统法学教学知识面过窄，随着知识经济的兴起、法治建设的推进和立法技术的进步，显得信息量不足，已经不能适应社会对法学教育的要求。[2] 各高校法

---

[1] 房文翠：《知识在法学教育中的属性与效用——兼论我国法学教育知识观的重构》，载《法制与社会发展》2003 年第 6 期，第 144 - 147 页。

[2] 胡平仁：《我国法学教育的目标定位与人才培养模式改革》，载《法学教育研究》2010 年第 2 期，第 109 页

学院制定的法学本科培养方案中对知识的要求，也基本体现了法科生应兼具"法律知识＋非法律知识"的观点。那么，这种复合型知识体系具体的要求又是什么？我们选取了清华大学、吉林大学、中国政法大学、中南财经政法大学和华东政法大学最新的法学本科培养方案为分析对象。① 其中，中国政法大学、中南财经政法大学和华东政法大学将法学本科生分为普通班和卓越或特色人才实验班（包括本硕贯通的实验班），并采取不同的培养模式，不同的培养模式对知识的构成要求亦不同。因此，我们将对普通班法学本科生和卓越或特色人才实验班法学本科生的知识构成作进一步的讨论。

其一，普通班法学本科生的知识构成以法学知识为主，非法学知识为辅。法学本科生不仅要系统地掌握法学知识和相关法律法规，而且要具备应对现代社会发展需要的自然科学、人文科学知识和外语知识。关于法学知识的要求，各校的观点基本一致。而华东政法大学在本科就分方向培养学生，不同专业方向的法学知识要求的重点不同。例如，民商法方向，要求学生在全面准确有体系地掌握法律知识基础上，还要在民商法领域具有深厚造诣。关于非法学知识的范围，不同的高校看法略有不同。清华大学明确要求学生要具备管理科学知识；中南财经政法大学则根据自身学科优势，要求学生同时掌握经济学和管理学知识；华东政法大学特别重视培养学生良好的身体素质，提出法科学生应具有一定的体育和军事知识。

其二，卓越或特色人才实验班法学本科生的知识构成是全面掌握国内外法学各学科的基本理论和基本知识，通晓综合性的人文社会科学、自然科学和管理科学的综合背景知识。华东政法大学和中国政法大学不仅分方向培养卓越或特色法律人才，而且均创设了本硕贯通的实验班。中南财经政法大学选择开设了不区分方向的卓越法律人才培养实验班和跨境本硕贯通法学（中美班）。华东政法大学有涉外商法、国际金融法、卓越律师和知识产权四个方向的卓越法律人才培养实验班。中国政法大学则有涉外法

---

① 本部分之所以选取了清华大学、吉林大学、中国政法大学、中南财经政法大学和华东政法大学的法学本科培养方案进行分析，一方面因为这五所大学的法科有示范性作用，另一方面是这五所大学的法学本科培养方案是公开和透明的，可在互联网上自由查阅。

律人才培养模式实验班、西班牙语特色人才培养实验班和法学学术精英人才培养实验班。除了中南财经政法大学的卓越法律人才培养模式不区分学习方向，仅要求学生精通法学知识和法律学科方面拓展的相关经济、管理和人文跨学科专业知识外，其他两所政法大学的卓越或特色人才实验班对知识有非常明确的方向性要求。例如，华东政法大学的知识产权专业卓越法律人才培养模式中要求学生在系统掌握法学基本理论的基础上，兼具知识产权法律和知识产权管理知识，谙熟知识产权国际法律与商事规则。再如，中国政法大学法学专业（西班牙语特色人才培养实验班）要求学生具有广泛的人文社会科学与自然科学领域的知识基础，系统地掌握法学知识和法律规定，了解国内外法学理论发展及国内立法相关信息，通晓西语国家和特定区域的法律规则。三所大学的本硕贯通班均要求学生在本科阶段建立较为宽广的知识结构，全面准确有体系地掌握法律知识，深入准确理解法治理念和法学理论。中南财经政法大学的本硕贯通国际班还要求学生在本科阶段掌握从事现代法律职业所必备的经济、管理和人文等基本知识，熟悉国际条约和国际惯例，熟悉主要国家和地区的立法，了解涉外法学的最新研究成果和发展动态。

二、能力

知识是人类经验的总结和概括，能力则是一个人比较稳定的个性心理特征，它表现在人们掌握知识和技能的难易、快慢、深浅、巩固程度以及应用知识解决实际问题等方面。2018 年的《国标》规定法学本科生首先应具备独立自主地获取和更新本专业相关知识的学习能力；其次，法学本科生应具备将所学的专业理论与知识融会贯通，综合应用于专业实务之中的基本技能；再次，法学本科生应具备利用创造性思维方法开展科学研究工作和创新创业实践的能力；最后，法学本科生应具备较高的计算机操作能力和外语能力。《国标》所列举的能力可以进一步归类为可持续发展的学术能力、法律专业能力或技能、创新创业实践的能力。不可否认的是，《国标》规定的是一般标准，尤其是法律专业能力方面规定得非常笼统。

法学本科学生应该具备哪些具体能力呢？前文已指出各高校法学本科学生"多元"KAQ培养模式不尽相同，高等法学教育实践中又是如何将法学本科学生能力一般要求具体化呢？我们从学术能力、法律专业能力和创新创业实践的能力三个方面对抽取的研究样本进行分析，可以得出初步的结论，即各校关于具体的学术能力和法律专业能力的认识既有共识又有分歧，值得进一步讨论。而各校培养创新创业实践的能力的做法基本一致。虽然仅有中国政法大学的培养方案明确了法学本科生应具有创新创业实践的能力，但各校在法科学生KAQ培养模式中都增加了培养学生创新创业实践能力的教学环节，开设了与创新创业实践相关的课程，并有相应的教学计划和师资力量。因此，本文对创新创业实践能力将不予以更多的分析。下面我们主要探讨法学本科生应具备的具体的学术能力和法律专业能力。

笔者根据抽取的五所高校的法学本科培养方案，制作了这五所学校的法学本科学生学术能力和法律专业能力表如下：

表 1-1　五高校法学本科学生能力表

学校	学术能力	法律专业能力
清华大学	外语能力	具备运用法学知识发现问题、分析问题和处理问题的能力
吉林大学	1. 外语和计算机等工具性技能 2. 具备运用法学与其他学科理论、知识和方法解决实际问题的综合能力	1. 具有适合于法学专业发展的整合信息、法律思维推理、专业叙述和理论表达能力 2. 具有撰写法律文本以及诠释法律、法律论证以及探知法律事实的能力
中国政法大学	1. 外语能力 2. 具有一定的教学、科学研究和实际工作能力	1. 具有执法的基本能力 2. 掌握法学理论和技术，能够灵活地运用所学理论指导实践工作，具有分析问题、解决问题和组织领导法学实践活动的实际工作能力和创新能力

（续上表）

学校	学术能力	法律专业能力
中南财经政法大学	1. 外语和计算机等工具性技能 2. 普通话水平达到国家规定的等级 3. 具备持续地自我学习、独立思考和基本的理论研究能力 4. 具有一定的教学、科学研究和实际工作能力 5. 具备国际视野和涉外能力	1. 善用法律思维和法学方法 2. 拥有法律认知、识别、提炼、适用和文书写作、沟通谈判能力 3. 掌握执法基本能力
华东政法大学	1. 外语能力 2. 掌握文献检索、资料查询和论文写作的基本方法，具备科研和写作的基本能力	1. 扎实掌握法学方法，具备严谨的法律论证能力，能够熟练准确地分析法律问题 2. 较为突出的法律实务业务能力

通过表 1-1 我们能够发现，关于学术能力，各校均认为外语能力是法学本科生必备的一项学术能力。在当今全球化的背景下，法学本科生应具备国际视野和涉外能力，应当掌握至少一门外国语言，能够熟练运用并达到国家规定的等级水平。例如，中国政法大学明确要求法学本科生能用一门外语阅读专业书刊。吉林大学和中南财经政法大学均主张法学本科生的工具性能力应包括掌握电子计算机技能。中国政法大学、中南财经政法大学、华东政法大学一致认为法学本科生还应具有一定的教学、科学研究和实际工作能力，尤其是掌握文献检索、资料查询和论文写作的基本方法，具备科研和写作的基本能力。吉林大学则单独提出法学本科生应具备运用法学与其他学科理论、知识和方法解决实际法律问题和社会问题的综合能力。中南财经政法大学则专门提出法学本科生应具备持续地自我学习、独立思考能力和基本的理论研究能力。此外，该校要求法学本科生的普通话水平要达到国家规定的等级。参照 2018 年的《国标》，在工具性技能方面的要求，显然仅有吉林大学和中南财经政法大学是合格的。今后，各校都应将较高的计算机操作能力和外语能力纳入法学本科生培养方案之中。在其他可转移学术能力方面的要求，虽然各校的表述不同，但实质上都要求

学生具备独立自主的学习能力、具备基本的科学研究工作能力和实际工作能力。值得注意的是，关于科学研究工作能力，《国标》明确提出法学本科生应具备利用创造性思维方法开展科学研究工作的能力，各校目前均未将培养学生"创造性思维方法"列入培养计划，这需要各校在未来的教学实践中进一步思考如何培养法科生的创造性思维。总而言之，结合高校的培养学生的实践经验和《国标》的相关规定，法学本科生应具备的可持续发展的学术能力可以具体化为：①独立自主的学习能力；②掌握文献检索、资料查询和论文写作的基本方法，具备写作的基本能力；③具备利用创造性思维方法开展科研工作的能力；④具备一定的运用法学与其他学科理论、知识和方法解决实际问题的综合能力；⑤具备较高的计算机能力；⑥具备较高的外语能力。

我国理论界认为法律专业能力概念有广义和狭义之分。广义的法律专业能力概念包括了法学专业的学术能力和法律职业能力。狭义的法律专业能力主要是指法律职业能力，即从事某些具体法律实务时所必须的技术性能力。[①] 关于法学本科生应具备的法律专业能力，从表1-1来看，各校经过多年的摸索将之细化为八种能力，具体如下：第一，整合法律信息能力；第二，解释法律的能力；第三，法律思维推理能力；第四，法律论证能力；第五，探知法律事实的能力；第六，撰写法律文本能力；第七，运用法律沟通谈判的能力；第八，执法基本能力。从现有的文献来看，学界普遍主张法学本科教育应"实现法律学科教育为和法律职业教育的统一和整合"[②]，法学本科学生应具有广义的法律专业能力。有学者将法学本科学生应具有的法律专业能力形象地比喻为"法律头脑"，即"法学思维方式、法学知识与方法和法律职业技能的有机组合，其内生基础为法学知识和方法，外在表现为处理各种具体问题的专业技能"[③]。一般认为，法律专业能力可具体化为：第一，法律资料的检索和研究能力；第二，法律思维的能

---

① 苏力：《中国法律技能教育的制度分析》，载《法学家》2008年第2期，第32页。

② 霍宪丹：《法律人才培养模式的反思与探索》，载《中国法学教育研究》2006年第2辑，第16页。

③ 蔡立东、刘晓林：《新时代法学实践教学的性质及其实现方式》，载《法制与社会发展》，2018年第5期，第99页。

力；第三，法律文书的写作能力；第四，同法律客户及其他法律人谈判和交往的能力；第五，解决纠纷的能力；第六，进行诉讼活动的能力；第七，坚守法律职业伦理的能力。[①] 根据我国法学教育界的理论和高校的实践，法学本科学生应具有的法学专业能力有：①法律信息的检索和研究能力；②法律思维的能力，包括解释法律的能力、法律思维推理能力和法律论证能力；③探知法律事实的能力；④法律文书的写作能力；⑤运用法律与客户、其他法律人沟通谈判的能力；⑥解决纠纷的能力；⑦进行诉讼活动的能力；⑧坚守法律职业伦理的能力。

三、素质

所谓素质，是指个体以自身先天禀性为基础，在外部环境和教育影响下，逐渐形成和发展起来的相对稳定的身心组织的要素、结构及能力，其外化为个体在实践活动中的态度和行为的基本倾向。[②] 简言之，素质是指个体的才智、能力和内在涵养，即才干和道德力量。对法科学生进行素质教育是党和国家教育方针的必然要求。早在 1999 年，中共中央国务院就发布了《关于深化改革全面推进素质教育的决定》，该决定标志着我国在教育领域全面实施素质教育。法学界的有识之士开始思考"法学教育中的素质教育"。著名法学家曾宪义教授和张文显教授专文论证了法学本科教育属于素质教育。他们主张高素质的法律人应具备基本素质和法律素质。基本素质包括政治素质、思想素质、文化素质和身体心理素质等。所谓法律素质指的是法律人应当具备的专业素质，包括法律思维能力、法律表达能力和对法律事实的探索能力。[③] 有学者提出法学本科素质教育是素质教育规律与法学高等教育规律的融合体，它的基本内容要受到法学专业自身特性以及法律职业特点的制约。因此，法学本科生的素质应包括法律至上的

---

① 陈京春：《论高等政法院校的法律职业能力教育》，载《法学教育研究》2011 年第 1 期，第 131 - 136 页。

② 孙孔懿：《素质教育概论》，人民教育出版社 2001 年版，第 4 - 25 页。

③ 曾宪义、张文显：《法学本科教育属于素质教育——关于我国现阶段法学本科教育之属性和功能的认识》，载于《法学家》，2003 年第 6 期，第 4 - 7 页。

信念、公平正义的理念等价值评判方面的法治观念素质、法律职业伦理素质、职业技能素质和人文素质。[①]　有学者主张法学素质教育包括三项内容：其一，人格人品教育，从一般道德文化和法律职业伦理的熏陶中培养学生的公共责任心和个人人格魅力；其二，培养学生的法治精神，法科学生在受教育阶段就牢固树立尚法理念；其三，提高学生理解、把握和应用法律的素质。[②]　还有学者认为高等法学教育应培养学生的法律职业素质、学术素质和人文素质。虽然学术素质和人文素质是"软素质"，但这两种素质是高等法学教育维持与传递法信仰、法价值观的基本路径，当今社会比以往任何时候都更为需要以这两种素质为支撑的个人的理解能力、沟通能力和应变能力。[③]

　　经过近20年素质教育的实践，各高校对法学本科学生"多元"KAQ培养模式中的素质也形成了不同的看法。例如，清华大学法学院认为法学本科生应具有坚定的法律信仰、崇高的道德品质、较强的团队协作意识和良好的文化修养、心理素质和身体素质。再如，吉林大学法学院提出法学本科生应具有强烈的爱国敬业精神和社会责任感，具有良好的职业道德和广阔的人文社会知识素养，具有健全的人格、健康的身体心理素质，达到智识能力和健康人格的和谐统一。在诸多院校中最典型的则是华东政法大学。该校将法学本科生应具有的素质具体化为思想道德素质、业务素质和身体素质。思想道德素质具体包括五个方面：其一，热爱祖国，遵守宪法法律，恪守为人民服务的宗旨；其二，有为建设富强、民主、文明、和谐的国家而努力奋斗的志向和责任感；其三，有为建设自由、平等、公正、法治的社会而努力拼搏的意识和能力；其四，具有创新精神、团队合作能力和国际视野；其五，具有诚信、敬业、友善的品质，具有良好的思想品德、社会公德和职业道德。业务素质主要指法学知识和能力，具体如下：①全面准确有体系地掌握法律知识；②深入准确理解法治理念、法学理

[①]　杨永华：《法学本科素质教育与培养模式初探》，载《大连大学学报》2009年第4期，第122－124页。

[②]　胡平仁：《我国法学教育的目标定位与人才培养模式改革》，载《法学教育研究》2010年第2期，第109－110页。

[③]　韩波：《论高等法学教育的素质教育理念》，载《法学教育研究》2011年第1期，第86页。

论；③扎实掌握法学方法、具备严谨的法律论证能力，能够熟练准确地分析法律问题；④掌握文献检索、资料查询和论文写作的基本方法，具备科研和写作的基本能力；⑤在法律和法学领域具有较深造诣，能够开展专题研究，具备较为突出的法律实务专业能力。身体素质是指具有一定的体育和军事基本知识，掌握科学锻炼身体的基本技能，养成良好的体育锻炼和卫生习惯，受到必要的军事训练，达到国家规定的大学生体育和军事训练合格标准，具备健全的心理和健康的体魄，能够履行建设祖国和保卫祖国的神圣义务。

2018年的《国标》正是总结了理论界关于法学本科生应具备的素质的学术观点和各高校约20年法学素质教育的实践经验，从价值评判的政治素质、品德素质、专业素质和身心素质四个方面明确规定了法学本科生素质的标准，具体而言：第一，热爱社会主义祖国，拥护中国共产党的领导，掌握中国特色社会主义理论体系，牢固树立正确的世界观、人生观、价值观；第二，养成良好的道德品格、健全的职业人格、强烈的法律职业认同感，具有服务于建设社会主义法治国家的责任感和使命感；第三，掌握法学类专业的思维方法和研究方法，具备良好的人文素养和科学素养；第四，具备健康的心理和体魄。结合前文对法学本科学生知识和能力的分析，我们归纳出了法学本科学生的知识—能力—素质构成表，为本项目下一步的研究奠定了基础。（参见本书结论表1：法学本科学生"多元"KAQ培养模式构成表）

第三节　高等学校法学研究生"多元"KAQ培养模式构成

一、法学研究生类型与"多元"KAQ培养模式构成

在讨论法学研究生"多元"KAQ培养模式的知识构成之前，我们首先需要明确我国高等学校法学研究生的类型。我国法学研究生教育分为硕士研究生教育和博士研究生教育。法学硕士研究生层次的教育又分为法学硕士研究生教育和法律硕士研究生教育。法学硕士是介于法学学士和法学博

士之间的研究生教育，只有本科阶段为法学专业的考生方能报考。传统上，法学硕士研究生的培养目标侧重于培养高层次的学术型人才。但是，近年来法学硕士研究生的培养目标有所变化，其中中国政法大学最为典型。该校法学硕士培养方案明确规定"法学硕士""法律硕士"各专业，旨在培养立足中国，放眼世界，能够胜任多种法律职业的法律通才。法律硕士研究生教育包括两个类型：法律硕士（法学类）和法律硕士（非法学类）。根据2017年7月20日国务院学位委员会办公室发布的《法律硕士专业学位研究生指导性培养方案（适用于法学专业毕业生）》和《法律硕士专业学位研究生指导性培养方案（适用于非法学专业毕业生）》（以下简称"法律硕士指导性培养方案"），法律硕士（法学类）和法律硕士（非法学类）培养目标定位均是培养立法、司法、行政执法和法律服务领域德才兼备的高层次的专门型、应用型法治人才。从培养目标来看，法学硕士研究生和法律硕士研究生的培养模式实质上已经趋同。法学博士研究生的培养目标主要是培养能独立从事科学研究和实际工作的复合型高级法律人才。虽然法学博士研究生的各项培养要求都较硕士研究生的高，但是培养目标强调的也是要培养能够胜任多种法律职业的法律通才。因此，我国的法学研究生虽然类型不同，但其 KAQ 培养模式却逐渐趋于一致。下文将对法学研究生"多元"KAQ 培养模式的构成作进一步的分析。

二、知识

关于法学研究生层次的知识要求，国务院学位委员会办公室发布的两份法律硕士指导性培养方案，对法律硕士研究生需要掌握的知识有明确要求。其他类型的法学研究生则无相关国家培养方案对其进行要求。根据法律硕士指导性培养方案的规定，法律硕士研究生应当掌握中国特色社会主义理论体系，全面掌握法学基本原理，特别是社会主义法学基本原理，掌握从事法律职业所要求的法律知识和法律术语。

那么法学硕士研究生和法学博士研究生的知识构成应该如何呢？我们主要考察了具有较高代表性的综合性大学——清华大学和中国政法大学，

并根据这两所高校的法学研究生培养方案,来讨论法学硕士研究生和法学博士研究生的知识构成。清华大学法学院认为,法学硕士研究生应具有坚实的法学理论和系统的知识结构;法学博士研究生要较好地掌握马克思列宁主义、毛泽东思想和邓小平理论,系统、深入地掌握法学学科的基础理论和专业知识。中国政法大学不同学院可以招收不同专业的法学研究生和法学博士研究生,导致不同学院的培养方案有所区别。总体而言,该校主张,法学硕士研究生应透过中国政经体制和法律互动的大背景,去把握法律原理、法律规则和法律解释,理解现有法律的合理性和局限性,具有扎实的法学基础理论知识和系统的法学专业知识。法学博士研究生则应掌握法学核心概念和基本知识体系,具有扎实、系统的专业知识。例如,比较法学专业博士研究生在知识方面必须具备深厚的比较法学专业知识,在系统掌握中国法学理论和法律制度的基础上,通晓大陆法系和普通法系以及主要国家的法律理论和法律制度,并在系统掌握本国法某一领域知识的同时,精通外国相关领域的法律知识。

从法律硕士研究生知识掌握要求的培养方案到各校对法学硕士研究生和法学博士研究生知识的具体要求,我们可以发现各界对法学研究生的知识构成基本达成了一致。首先,法学研究生应掌握中国社会主义理论体系,包括马克思列宁主义、毛泽东思想、邓小平理论、"三个代表"重要思想、科学发展观和习近平新时代中国特色社会主义思想;其次,法学研究生应全面、系统、深入地掌握法学学科的基础理论和专业知识,特别是社会主义法学基本原理;最后,有专业方向的法学研究生和博士研究生还应当具有较好的专业方向上的知识,系统地掌握相关专业方向知识和原理。

三、能力

国务院学位委员会办公室发布的两份法律硕士指导性培养方案,对法律硕士研究生的能力有一般标准:其一,具备从事法律职业所要求的法律思维、法律方法和法律技能;其二,能综合运用法律和其他专业知识,具有独立从事法务工作的能力。具体而言：第一，能够运用法律思维分析和解决法律实务问题；第二，熟练运用法律解释方法，具备在具体案件中进行法律推理的能力；第三，掌握诉讼主要程序，熟练从事法律事务代理和辩护业务；第四，熟练从事非诉讼法律实务以及法律事务的组织和管理；第五，熟练掌握法律文书制作技能；第六，熟练掌握一门外语。

　　法学硕士研究生和法学博士研究生应该掌握哪些能力？我们以清华大学和中国政法大学的法学研究生培养方案为例。清华大学法学院主张：法学硕士研究生应具备独立的学术研究能力和紧跟学术前沿的国际视野；法学博士研究生应具有独立从事系统的法学研究的科研能力和高层次法律实务工作的能力。中国政法大学提出，法学硕士研究生的能力应包括：①具有较强的获取知识能力，能够围绕某一法律问题而检索中、英文法律文本、司法判决、学术著述；②具有科学研究能力，掌握文献引证和标示文献来源的规则，熟知法律的解释规则；③具有实践能力，掌握从事法律工作的基本职业技能和逻辑思维能力；④具有学术交流能力，熟练掌握一门外语，能够运用外语进行专业研究和学术交流；⑤具有良好的理解力、记忆力和表达能力。该校对法学博士研究生能力的要求具体为：①具有较强的获取知识能力；②具备优秀的学术原创力，有较强的独立从事科学研究之能力；③具有敏锐的洞察力和思辨能力，能够追踪国际国内前沿的法学理论的进展；④具有较强的学术交流能力；⑤具备良好的文字表达能力，熟练掌握和运用一至两门外国语；⑥具有较高的审视和判断制度变化的能力；⑦具有相应的法律技能和方法；⑧具备独立从事实际工作的能力。

　　综上所述，关于法学研究生所应具备的能力，对不同类型的研究生的要求也不同。法律硕士研究生应具备的多元能力的核心是法律职业技能，而法学硕士研究生和博士研究生则应兼具学术能力和法律职业技能。

四、素质

　　对法学研究生的素质要求因研究生的类型不同而有所不同。其一，法律硕士研究生主要要求有政治素质、品德素质和专业素质。根据国务院学位委员会办公室发布的两份法律硕士指导性培养方案，法律硕士研究生的素质的一般标准为：德法兼修，具有良好的政治素质和道德品质，遵循法律职业伦理和法律职业道德规范，自觉践行社会主义核心价值观。其二，法学硕士研究生应有的素质主要包含政治素质、品德素质、专业素质和良好的学术素养。例如，中国政法大学提出证据法专业方向的法学硕士应德才兼备，具有法治意识、良好的学风、高尚的道德品质和健康的心理素质，遵守宪法和法律并崇尚司法正义。其三，法学博士研究生应有的素质与法学硕士研究生应有的素质基本一致，也主要是政治素质、品德素质、学术素质和专业素质。各校通常要求法学博士研究生具有社会主义思想道德觉悟，品行端正，具有良好的专业素质、学术素养和学术道德，具备优秀的学术品格和学术原创力，具有较强的创新精神与实践能力和健康的身心素质。根据上文对法学研究生知识和能力的分析，我们归纳出了法学研究生知识—能力—素质构成表，为本项目的下一步研究奠定了基础。（参见本书结论表2：法学研究生"多元"KAQ培养模式构成表）

第二章　高等学校法科学生"多元"KAQ培养模式之实践与反思

第一节　法学本科学生"多元"KAQ培养模式之实践与反思

一、1995—2011年法学本科学生"多元"KAQ培养模式实践

从1977年我国高校恢复法学专业开始，关于高等法学教育培养目标问题，即究竟高校法学院系应该培养什么样的人，一直存在较大争议，先后出现过"精英法律人才说""大众培养说""通识培养说""职业教育说"等截然不同的观点。各高校法学院系在实践中选取了不同的培养目标来确定法学本科学生的培养模式。从公开发表的文献来看，自1995年《教育法》提出应从知识、能力和素质三方面培养学生以来，截至2011年，我国法学本科学生KAQ培养模式形成了四种基本类型：第一，以北京大学法学院、中国人民大学法学院为代表的立足于通识教育，认为法科学生不能只是熟悉法律的工匠，而是要通晓各种相关学科知识，包括人文社会科学和自然科学知识的"通识教育型"法学本科学生KAQ培养模式；第二，以西南政法大学、华东政法大学、西北政法大学为代表的侧重于职业教育，主张对学生进行科学且严格的职业训练，使他们熟练掌握法律知识和实务技能的"专业实务型"法学本科学生KAQ培养模式；第三，以中国政法大学、中南财经政法大学、武汉大学和吉林大学为代表的推行跨专业教育，倡导学生不能仅局限于法学专业的学习，而应当具备相应的财经、

管理等学科知识的"跨学科复合型"法学本科学生 KAQ 培养模式;① 第四,以南京大学和汕头大学为代表的"国际型"法学本科学生 KAQ 培养模式。南京大学自 2005 年起探索本科教学改革,提出了要紧扣全球化、法治化的社会发展趋势,依托强大的学科优势、高水平的科研队伍和先进的科研条件,以培养学生的国际化视野和研究能力为着力点,培养高素质的法律人才。② 汕头大学则从师资队伍、双语教学、教材图书、学生活动、专业方向和毕业去向六个方面进行国际化的改革,在全国率先形成具有国际化特色的法学本科学生培养模式。③ 从多元化的角度观察这四种法学本科 KAQ 培养模式,"通识教育型""跨学科复合型"和"国际型"均为"多元" KAQ 培养模式,"专业实务型"则为"单一型"的 KAQ 培养模式。

"五院四系"和南京大学均是中国的一流法学教育院校,它们根据自身优势和特点发展起来的法科学生 KAQ 培养模式具有示范性。但是,这四种类型模式各有利弊,其背后更是绵延数百年的高等教育究竟应走"通才教育"之路还是"专才教育"之路的争论,加之我国高校类型复杂、法学本科教育水平层次不一,这四种模式有一定示范性却难以全面推广,众多高校法学本科教育主要选择保守的"单一型"KAQ 培养模式,导致许多学生只知法律概念,不知法律适用;只知法律条文,不知法律文化;只知法律规定,不知法律人文精神,难以成长为优秀的法律人。④ 法学界和新闻媒体均批评我国的高等法学教育规模过大,培养的法学本科生质量偏低。2009 年《中国大学生就业报告》显示:一方面,法学专业失业人数在全部本科专业中排名第一;另一方面,我国又严重缺乏高层次、高素质的法律人才。社会各界不断发出改革高等法学教育的呼声,引发了教育部和中央政法委的重视,提高法律人才培养质量成为我国高等法学教育发展的核心

---

① 参见付子堂主编:《当代中国转型期的法学教育发展之路》,法律出版社 2010 年版,第 76 - 87 页。

② 杨春福:《国际化研究型法学人才培养模式的探索与实践——以南京大学法学院为样本》,载《法学教育研究》2010 年第 2 期,第 60 页。

③ 杜钢建:《国际化法学人才培养模式的摸索》,载《中国大学教学》2008 年第 3 期,第 65 页。

④ 王琦:《我国法律人才培养模式的反思与创新——以法学实验实践教学改革为视角》,载《海南大学学报》(人文社会科学版)2011 年第 5 期,第 130 页。

任务。2011年的卓越法律人才培养计划正是从国家层面对高校法学院系培养学生提出的新要求，即法学本科学生培养主要目标为：培养卓越复合型和应用型法律人才。而复合型和应用型法律人才的核心为人才具有多元的知识—能力—素质。[①] 因此，多数高校既有的"单一型"法学本科学生KAQ培养模式必须予以革新。

二、卓越目标下法学本科学生"多元"KAQ培养模式之实践

（一）卓越目标下法学本科学生"多元"KAQ培养模式改革概况

卓越法律人才培养计划为我国高等法学教育的发展指明了方向，并提出了具体的要求。关于法律人才培养模式，该计划明确了改革方向，即根据高校法学院系的基础和特色，进行整体规划，建设不同类型的卓越法律人才教育培养基地，探索学校—实际部门共同培养和国内—海外联合的培养模式。卓越法律人才培养计划已经推行了数年，各高校法学院系是如何改革旧有的KAQ培养模式的？是否取得了预计的效果？笔者主要选取首批进入卓越法律人才教育培养基地的66所高校中的"五院四系"、清华大学及部分有代表性的高校法学院发布的培养方案、课程体系、对外交流等公开信息和公开发表的文献进行了考察，发现在"卓越"引擎驱动下，法学本科学生KAQ培养模式改革取得了初步成效，不同层次、不同类型和不同区域的高校根据自身办学特色和优势，探索各具特色的"多元"KAQ培养模式，[②] 尤其是"立格联盟"院校打造了新的具有示范性的"多元"KAQ培养模式。[③] 例如，中国政法大学在本科学生培养方面，坚持"德法兼修，

[①] 参见杨学科：《篱笆、渴望和中国法学教育四十年之"不惑"》，载《法学教育研究》2019年第2期，第99页。

[②] 参见王德新：《改革开放四十年来高校法治人才培养的探索与实践》，载《法学教育研究》2019年第2期，第9–27页。

[③] "立格联盟"是全国政法类大学的联盟。2010年5月30日，中国政法大学、西南政法大学、华东政法大学、中南财经政法大学和西北政法大学共同创立了"立格联盟"。截止到2018年，甘肃政法学院、上海政法学院、山东政法学院相继加入，"立格联盟"院校已经扩展到8所。"立格联盟"设立的目标为为中国法学教育的标准化、规范化、现代化，为法治人才培养质量的提高添砖加瓦，发挥主力军的作用。参见黄进：《关于〈立格联盟院校法学专业教学质量标准〉的说明》，载《中国法学教育研究》2018年第3辑，第3页。

明法笃行",以培养复合型、应用型、创新型、国际型的"四型"法律人才为目标,形成了"跨学科专业、跨理论实践、跨学院学校、跨国家地区"的"四跨"法科学生"多元"KAQ培养新模式。[①] 又如,西南政法大学以培养具有政法特色的高素质法律人才为目标,从学生的德育入手,注重思想政治课程建设和课程思政,将创新创业教育贯彻于培养学生的全过程,坚持"厚基础,宽口径",强化学生法律职业伦理教育,强化学生法律实务技能,以适应多样化法律职业要求。[②] 再如,华东政法大学基于全人教育理念在本科阶段推行书院制教育改革,以实体化书院为基础,以通识课程为核心,打造四度空间的书院社区,构建新型导师制,从而实现全过程、全方位、全员育人,夯实对学生的宽口径培养。[③]

透过诸校公开提出的改革方向和培养方案可以发现,多数学校在分类培养、通识教育、实践教学和国际化等宏观方面逐步达成了共识,为我国高等法学教育的进一步改革奠定了良好的基础。但不可否认的是,各校在一些具体问题上仍然存在分歧,主要集中在以下几个方面:其一,是否应在课程体系中大幅度增加实践类课程的数量和学分。由于多年来各界批评法科学生实践能力不强,目前各校都在课程体系中增加了实践类课程,但是究竟应占多大的比例,不同学校有不同看法。北京大学将模拟法庭和法律诊所视为第二课堂,但并未纳入课程体系中;清华大学则将法律实务和法律诊所列为选修课中的实践科组,前者3个学分,后者2个学分。其二,小班教学是否应是卓越法律人才培养模式的确立方向之一。例如,清华大学法学院为了培养"国际性法律人才",正在探索小班教学方式。该院从2012年开始成立了国际班,学生从本科一年级学生中选拔,每级不超过20人(2013年增加至25人)。该班要求学生在具备坚实的国内法律知识的同时,还应当熟悉国际上的法律(包括外国法和比较法);在具备法律知识

---

① 卢春龙:《"四型人才"导向的"四跨"——中国政法大学法治人才培养新模式》,载《政法论坛》2019年第2期,第23页。

② 张建文、章晓明:《立德树人、课程育人、培养具有政法特色的高素质法治人才——西南政法大学关于新时代中国特色法学教育路径的探索》,载《法学教育研究》2019年第2期,第168-179页。

③ 杨忠孝:《基于全人教育理念的书院制教育改革——以华东政法大学为例》,载《法学教育研究》2019年第2期,第182页。

的同时，还应具备宽广的人文社科知识和法律实践技能；在精通中文的同时，还应当能够娴熟使用英语等其他语言进行法律写作和法律辩论。其三，信息化是否能成为推动本科培养模式改革的关键。目前，仅有西南政法大学明确提出了互联网时代下法学本科培养模式的改革，认为互联网正在改变着世界，课堂与课外不应分开，比如可以建立学生群，在群里发送文件、布置作业、提交答案，利用先进的工具来改造人才培养模式。

总而言之，为了适应社会对法科学生知识、能力和素质提出的更高要求，在卓越法律人才培养计划的推动下，各高校法学院系以提高培养学生的质量为核心，对原有的"单一型"KAQ 培养模式进行了较大力度的改革，并为新时代法治视野下 KAQ 培养模式的完善积累了宝贵的经验。

（二）卓越目标下法学本科学生"多元"KAQ 培养模式改革经验

1. 分类型培养学生

卓越法律人才培养计划提出要分类培养卓越法律人才，包括应用型卓越法律人才、复合型卓越法律人才、国际型卓越法律人才和西部卓越法律人才，其中应用型、复合型法律人才是法律人才的基本要求，是实施卓越法律人才培养计划的重点。[①] 在卓越人才分类培养原则的指导之下，各校法学院系根据自身的情况，将本科学生划分为不同类型进行培养。第一种划分方式与卓越人才分类培养原则一致。这是较多高校法学院系的做法。例如，北京化工大学依据该校的理工科优势和生源特点，培养具有扎实的专业知识和较强实践能力的应用型法律人才，具有扎实的专业知识和外语能力且能够熟练运用外语从事涉外法律实务的国际型法律人才，具有理工科专业知识和知识产权法律知识的复合型人才，具有扎实的专业知识和民族知识且熟悉民族文化的西部基层法律人才。[②] 第二种划分方式是普通学生按照法学专业方向培养，拔尖学生则按照高级法律职业人才培养目标进行培养。中国政法大学、西南政法大学、华东政法大学、中南财经政法大

[①] 王春业、刘添才：《"卓越"引擎驱动下的法学教育改革》，载徐祥民主编：《以培养卓越法律人才为目标：法律人才培养模式改革论集》，中国法制出版社 2015 年版，第 18 - 19 页。

[②] 李素贞、张慧霞：《卓越法律人才分类培养模式探索》，载徐祥民主编：《以培养卓越法律人才为目标：法律人才培养模式改革论集》，中国法制出版社 2015 年版，第 162 页。

学和西北政法大学都采用了这种分类培养方式。例如，中国政法大学将普通法学本科学生分为民商经济法方向、国家法方向和刑事司法方向。拔尖学生则分入法学人才培养模式改革实验班、涉外法律人才培养模式实验班、西班牙语特色人才培养实验班和法学学术精英人才培养实验班进行培养。又如，华东政法大学将普通法学本科学生细分为民商法、刑事法律、经济法和国际经济法四个专业方向。拔尖学生则进入本硕贯通卓越法律人才培养实验班、涉外商法方向卓越法律人才培养实验班、国际经济法卓越法律人才培养实验班、国际金融法卓越法律人才培养实验班、卓越律师法律人才培养实验班和知识产权专业卓越人才培养实验班进行培养。第三种划分方式是按照未来职业发展方向分类培养。以中国人民大学法学院为范例，该校确立了三种类型的法学本科培养模式，即法律实务人才培养模式、研究型人才培养模式和涉外人才培养模式。再如，广东财经大学（原广东商学院）法学院从2014年开始分类培养学生，分为普通法学专业人才培养、司法法务人才培养、企业法务人才培养和粤港澳大湾区法务人才培养。

2. 增加通识教育的分量

卓越法律人才培育计划明确了卓越的法律人才应是复合型人才。因此，各校法学院系均强调培养"厚基础、宽口径"的法律人才，在传统法学专业教育的基础上，大力度地增加了通识教育的分量。最初侧重于法学专业教育的西南政法大学、华东政法大学和西北政法大学新修正的法学专业本科培养方案都调整了课程体系，较大幅度地增加了通识必修课和通识选修课的比例。其中华东政法大学的革新力度最大。该校于2017年5月创立了文伯书院，建设以通识课程为核心的博雅教育体系。华东政法大学在保持总学分160学分的前提下，降低必修课程的比例，提高通识课程的比例和可选择性。通识课程分为主干课（17学分）和一般通识课（6学分）。通识主干课分为四大模块，具体为"历史文化传承与人文素养"（6学分）、"法治精神和专业养成"（7学分）、"创新思维与创业能力培育"（2学分）和"新生研讨和跨学科前沿讲座"（2学分）。一般通识课则分为"当代中国与世界视野""社会研究与公共管理""科学思维与科技发展"和"艺术修养与运动健康"四个模块。文伯书院建议学生第一学年修满15

学分，其余学分可根据个人情况在其他学年修读。西南政法大学则是另一种革新的典型。西南政法大学 2018 年的法学专业本科培养方案明确要求调整通识课程的内容、学时和学分。通识必修课程须增设职业生涯规划与就业指导（16 学时，1 学分）和创新创业基础课（32 学时，2 学分）。既有的大学生计算机应用课程规范为"信息技术应用"，提升学生的计算机信息素养和信息技术应用能力。大学英语增加开课学期、学时和学分，其中前三个学期开设公共英语课，鼓励在第四学期开设专门用途英语课程（English for Specific Purposes）。大学英语和信息技术应用两门课程探索采用"分级教学"方法和"以考代修"制度。通识选修课分为人文艺术类、社会科学类、自然科学与技术类、就业创业能力与健康教育类四大类。学生应选修每类通识选修课程，其中人文艺术类课程不得少于 4 学分，社会科学类课程不得少于 4 学分，自然科学与技术类课程不得少于 2 学分，就业创业能力与健康教育类课程不得少于 2 学分。通识选修课程的开设数量原则上为学生应选学分的两倍以上。

　　中国政法大学和中南财经政法大学最新版的法学专业培养方案在原有跨专业教育的特色基础之上，进一步拓展了通识教育的广度和深度。该校强调通识教育课程在培养计划的总学分中不得低于三分之一。[①] 中国政法大学 2018 年法学专业本科培养方案中通识必修课共 43 学分，包括思想道德修养与法律基础、军事理论、外语、体育、毛泽东思想和中国特色社会主义理论体系概论、计算机基础、中华文明通论、中国近现代史纲要、马克思主义基本原理概论、西方文明通论、计算机应用、形势与政策。全校通识选修课应修满 18 学分，具体要求是通识主干课 8 学分，一般通识课 10 学分，任选通识课至少 3 学分。此外，中国政法大学还增设了国际课程和创新创业类课程，学生应在第三学年完成，必须修满 4 学分。而作为综合性大学的北京大学、中国人民大学、清华大学、武汉大学和吉林大学更是利用自身的优势，在新的课程体系中全方位地融入了人文社会科学和自然科学内容。例如，吉林大学在 2018 年的法学专业本科培养方案中明确指

---

① 徐显明、黄进、潘剑锋等：《改革开放四十年的中国法学教育》，载《中国法律评论》2018 年第 3 期，第 16 页。

出:"拓宽口径的特色:坚持大法学专业与通识教育、理论素养教育与专业实践教育相结合的宽口径培养路线,为学生进入法政商学等领域就业创造多元选择的专业条件和机会。"又如,清华大学充分利用了一流综合性大学的教学资源,其培养方案中的"文化素质课程"模块,要求学生应修不得少于34学分,核心课程划分为八大课组:①哲学与人生;②历史与文化;③语言与文学;④艺术与审美;⑤环境、科技与社会;⑥当代中国与世界;⑦基础社会科学;⑧数学与自然科学。学生还可以参考全校选课手册,选修其他院系开设的任何课程,总学分达到要求即可。

3. 加强法律实践教学

卓越法律人才培养计划强调了法学教育中实践教学的重要性,推动了各校法学院系在培养模式改革中加强法律实践教学。最突出的表现在于各校法学院系在课程体系中较大幅度地增加了法律实践性课程的比例。在全国的法律实践课程的改革中,中国政法大学的改革最为全面,值得参考。该校一方面保留了传统的法学专业实习课程,另一方面在专业选修课程体系中增设了案例课组和实务技能课组。案例课组几乎涵盖了所有部门法,①每门课程为32学时,2学分,学生必须修满4学分。实务技能课组包括了一般实务技能课程和法律诊所课程。其中一般实务技能课程有法庭论辩技巧、会计法实务、法律写作、法律实践基本技能、律师实务、税法实务、民法实务、金融法实务、民事诉讼法实务、外国投资法律实务、司法文书、刑事辩护与代理实务、非诉讼律师实务和多样化的国际模拟法庭比赛②,每门课程为32学时,2学分,学生必须修满2学分。法律诊所课程

---

① 中国政法大学的案例研习课和评析课包括了宪法学案例研习、民法学案例研习、日本法案例研习、行政法案例研习、知识产权法案例研习、商法案例研习、国际法案例研习(中英双语)、中国涉外商事案例研习、WTO争端案例精选(中英双语)、国际私法案例研习、国际经济法案例研习、国际经济法案例研习(中英双语)、国际私法案例研习(中英双语)、刑法学案例研习、刑事诉讼法案例研习、欧洲联盟法经典案例研习(中英双语)、金融法案例、税法案例、劳动法案例研习、国际环境法经典案例、领土和海洋权益案例评析(中英教学)。

② 中国政法大学的国际模拟法庭比赛包括了国际模拟法庭比赛(贸仲杯)、国际模拟法庭比赛(ICC审判竞赛)、国际模拟法庭比赛(杰塞普模拟比赛、中英双语)、国际模拟法庭比赛(人道法模拟法庭比赛)、国际模拟法庭比赛(国际替代争端解决方式模拟比赛、中英双语)、国际模拟法庭比赛(航空法模拟法庭比赛、中英双语)和国际模拟法庭比赛(知识产权模拟法庭大赛、中英双语)、国际模拟法庭基础、空间法模拟法庭(中英双语)和WTO法模拟法庭。

有行政法诊所、刑事法与刑事科学法律诊所、知识产权法诊所、少年越轨诊所、劳动法诊所和环境法诊所，每门课程为80学时，学生选修了其中一门诊所课程则可以免修专业实习。其他院校还在改革中不断探索如何创设新型的实践课程。例如，西北政法大学开设的"实践法庭"课程颇具创新性。该课程要求学生利用现实社会中发生的"未决"争议，以准当事人或准代理人身份参加实践法庭的诉讼活动，由实践法庭组织审判。"实践法庭"与传统的模拟法庭完全不同，课程中力戒表演因素，能更充分地激发学生对不同诉讼主体的角色意识，综合训练学生的职业能力。西北政法大学将"实践法庭"设为一门限制选修课程，考试方式采取形成性评价和总结性评价相结合的方式，教师将学生参与诉讼过程的活动记入案卷档案（相当于考试试卷），并要求学生撰写参加庭审体会、感受，或案例探讨论文。[①]

各校法学院系在法律实践教学改革的过程中，意识到仅靠校内法律实践课程不足以达到实践教学目的，因此逐步构建了"课堂教学和实践培训"相结合的法律实务技能培养模式，不仅在校内打造法学实训实验中心，而且在校外建设更大规模的法学实践教学基地。实践教学基地通过整合多方资源，使法科生有机会在具有丰富法律实践经验的法官、检察官和律师的指导下，接触社会生活中的真实案例，参与办案讨论，协助起草判决书、起诉书或其他法律文书，接触商务谈判，以不同的角色参与审判过程或非诉案件各个环节，从而熟悉法律实务的各种流程。[②] 例如，中南财经政法大学一方面在校内建设国际级实验示范中心，成立法学实验教学中心，下设立法、执法、诉讼、非诉讼、法律实效、证据学和知识产权7个实验室，形成全新的实验教学体系；另一方面在原有教学实习基地的基础之上，又与湖北省高级人民法院、武汉市中级人民法院和武汉市检察院等政法机关和律师事务所共同建设校外法学教育实践基地，全面地强化了法

---

① 郭捷、王贤：《法学人才培养模式创新实验区的教学探索与实践》，载《法学教育研究》2010年第1期，第26－27页。

② 舒洪水：《改革开放四十年来高校法学教育与实务部门的关系发展与展望》，载《法学教育研究》2019年第2期，第49页。

律实务技能教学途径。① 又如，为了达到通过实践教学培养学生的综合素质和专业素质的目的，河北大学在校内组建法律诊所，大力开展实践教育基地建设，拓展校外实习、实训的行业领域。除了建设法院、检察机关、律师事务所等传统业务领域的实践教育基地外，还增加了地方立法、行政执法、地方法制、企业法务以及专业律师事务所等领域的基地建设。②

为了保证法律实践教学的质量，各校法学院系还优化了师资力量和教学方法。其一，高校法学院系分批派遣老师到实务部门进行兼职或挂职活动，培养了一批具有法律实践经验的骨干教师。2012 年 7 月，最高人民法院启动了法学院校教师到人民法院交流挂职工作，当年年底确定了 6 名高校法学教授到最高人民法院挂职任部门副职。党的十八届四中全会后，最高人民法院随即启动了第二批高校法学教授交流挂职工作。挂职期间，所有老师圆满完成了各项任务，加强了法学院校与人民法院之间的交流，有效提升了教师的法律实务水平。③ 2013 年 7 月，教育部、中央政法委、最高法、最高检、公安部、司法部联合启动了高校和法律实务部门人员互聘的"双千计划"，实现高校和法律实务部门人才的良性互动。高校自 2013 年至 2017 年选派 1 000 名法学专业骨干老师到实务部门兼职或挂职 1 到 2 年，通过司法实践积累经验，成长为法律实务专家。目前，"千名教师"已经成为我国法律实践教学的中坚力量；其二，高校聘请实务部门业务精深的专家兼职或挂职到校教学和指导课内外实践教学活动。无论是最高人民法院启动的高校与法院之间的人才互聘，还是"双千计划"的 1 000 名法律实务部门精英到高校兼职或挂职任教，都有力地推进了法律实务部门经验丰富、理论素养高的法官、检察官和律师与高校进行深度合作，极大地提高了高校的法律实践教学水平。例如，安徽大学以校内"法学实践教学中心"和校外"法学实践教学基地"为平台组建了专兼职结合的"双师

① 杨灿明：《立足学校优势，探索中南特色的卓越法律人才培养模式》，载《法学教育研究》2015 年第 1 期，第 20－21 页。

② 孟庆瑜、陈玉忠等著：《应用型、复合型卓越法律人才培养模式改革研究：河北大学法律人才培养模式改革与实践》，法律出版社 2016 年版，第 122 页。

③ 舒洪水：《改革开放四十年来高校法学教育与实务部门的关系发展与展望》，载《法学教育研究》2019 年第 2 期，第 46 页。

型"教学队伍,共同制订实践教学方案,共同承担实践教学课程,共同指导学生实习实训。实务部门定期选派有经验的业务骨干来校指导,学校定期联系法院到校开庭审理各类案件,让学生在真实的司法实践活动中学习。2017年6月8日,最高人民法院第四巡回法庭走进安徽大学开庭,真正将司法审判中的优质实践教学资源引进高校。①

4. 提升国际化教学水平

卓越法律人才培养计划因应全球化的要求,提出要培养卓越的涉外法律人才,促进我国高校采取多种方式提升法学教育的国际化水平。首先,要让学生"走出去"。具体而言,国内高校通过交换生、海外游学和海外实习等项目让学生到海外知名高校和组织学习。其中,北京大学和中国人民大学较具代表性。北京大学法学院每年有超过21名本科生通过申请获得一个学期或者一个学年的出国交流学习机会,每年暑期有5~10名精英本科生赴美国法学院参与访问项目。中国人民大学法学院则从对外交流的广度和深度上进行了全面拓展。在学生交流方面,该校不仅与美洲、大洋洲、欧洲和亚洲各名校法学院达成了交流协议,并于2017年正式与清华大学、日本名古屋大学、韩国成均馆大学和韩国首尔大学共同打造"亚洲校园"计划中"东亚法治人才培养"项目,期待将其建设为连接中日韩三国顶尖法学教育资源的桥梁;在海外游学方面,该校启动"学生暑期海外游学"系列活动,选派优秀学生赴英国、美国、德国、瑞士、日本、台湾等国家或地区的伙伴院校参加暑期项目,项目内容包括课程学习和丰富的参访活动,每年派出学生数十名;在海外实习方面,该校选派优秀学生前往世界知识产权组织、欧洲人权法院和联合国毒品与犯罪办公室实习,同时与金杜律师事务所合作,资助学生进入世界知名律师事务所实习。

其次,要将国外专家"请进来",即聘用具有国际教育背景的教师或通过访问学者项目将国外的专家学者请进来为学生授课。以哈尔滨工业大学法学院为例。该院具有国际教育背景,在海外长期留学和工作的教师占全体教师的比例较大,这就为法学学科的国际化奠定了良好的基础。此

---

① 程雁雷:《创新德法兼修高素质法律人才培养模式的探索与实践》,载《中国法学教育研究》2017年第3辑,第118页。

外，该院从 2005 年起就开始聘请来自美国的教授长期或短期在学校给学生用英语授课，至 2012 年，已聘请了 16 位来自德国、法国、意大利、美国、英国、日本等国家的著名学者作为客座教授或长期合约教授，还邀请了国际法官和国外律师来校授课与讲座，使学生体会到了国际一流教授和法律实务专家的风采，带来了国际学术研究和法律实践的前沿信息。①

最后，与国外高校法学院联合办学。例如，中南财经政法大学与美国肯特法学院、美国杜兰大学以及英国利兹大学等校的法学院联合办学，采用"3＋1"或"4＋1"的"双学园""双教学""双学位"模式培养学生。学生在四年内学完中南财经政法大学规定的课程并取得相应的学分，达到毕业和学位授予条件，同时修完国外合作法学院预先植入的 2～4 门法律硕士专业课程，可到对方法学院攻读法律硕士学位；学习一年，修完相应课程并取得相应学分，达到学位授予条件，可获得国外法律硕士学位（LL. M）。又如，西安交通大学与澳大利亚新南威尔士大学共建双学位的"中澳丝路班"，着力培养贯通中国法和普通法系（澳洲法）的涉外卓越法律人才。该班培养模式的亮点在于大一、大二和大三的夏季小学期开设三门澳方法律科学博士项目的基础课程和选修课，由澳方委派专职教师到中方讲授，全部课程免费向学生开放。如果学生顺利通过全部课程，在申请法律科学博士项目时则可免考雅思，进入法律科学博士项目学习时还可免修课程。2017 年 7 月和 2018 年 7 月，澳方先后委派讲师前来教授法律科学博士课程，教学效果较好。②

三、法学本科学生"多元"KAQ 培养模式实践之反思

（一）培养模式的目标

法学本科学生"多元"KAQ 培养模式的目标即究竟要培养出什么样的学生，决定了培养模式的方向。正如许身健教授所言："在一定意义上，

---

① 赵海峰、李岩松、张宇等：《通过国际化培养法律精英人才的探讨》，载徐祥民主编：《以培养卓越法律人才为目标：法律人才培养模式改革论集》，中国法制出版社 2015 年版，第 475 页。

② 丁卫：《培养涉外卓越法律人才——西安交通大学"中澳丝路班"的实践与反思》，载《法学教育研究》2019 年第 2 期，第 266－270 页。

培养目标的定位直接决定着法学本科生培养方案的整体设定。所有课堂教学课程的设置、课程学分学时的配置以及实践教学环节的比重设计，都在贯彻培养目标中所体现的法学教育理念和目标。"① 然而，关于法学本科学生培养模式的方向，如上文所述，在相当长的一段时间里多数高校在实践中选择了"专业教育"之路，导致了培养模式相对单一、课程设置不合理、教学方法陈旧和考核制度简单化等诸多问题。2012 年卓越法律人才培养计划实施之后，有关我国法学本科教育究竟是博雅教育，还是专业教育，抑或是素质教育，又或是职业教育的争议之声渐弱，我国的法学本科教育应以博雅教育为基础，专业教育为核心，素质教育为灵魂，职业教育为导向已经成为主流认识。② 在此背景下，法学本科学生的培养应以"复合型、应用型、国际型的法律职业教育"为目标也逐渐成为各高校的共识，它们纷纷将法学本科学生的培养目标定位为"复合型、应用型的高素质法律人才"或"国际型的高素质法律人才"。③ 由于培养目标的变化，各高校对知识—能力—素质的要求也发生相应的变化。在新的"多元"KAQ培养模式中增加了通识课程和实践课程的比例，优化了师资力量和教学方法，加强了与实务部门的互动，扩大了国际交流，培养出了一批质量高的法学本科毕业生。但不可否认的是，卓越法律人才培养计划遴选了 92 所院校参与试点，但最终未进行评审验收，意味着该计划尚未形成可全面推广的经验和做法。④ 最近有学者在反思我国法学教育培养目标时，提出以法律人才为唯一培养目标是有所偏失的，法学教育应当以培养"哲学人文社会科学素养深厚、法律素养优良、具备基础职业能力、熟悉传统文化和基本国情的法律人和管理人为主要目标"⑤。虽然这种反思将法学教育的培养

① 许身健：《卓越法律人才教育培养计划之反思与重塑》，载《交大法学》，2016 年第 3 期，第 22 页。

② 参见徐显明、黄进、潘剑锋等：《改革开放四十年的中国法学教育》，载《中国法律评论》2018 年第 3 期，第 11 – 18 页。

③ 单晓华、韩涛：《卓越法律人才教育培养模式与实现路径研究》，知识产权出版社 2015 年版，第 14 – 20 页。

④ 郤占川：《新时代卓越法治人才培养之道与术》，载《政法论坛》2019 年第 2 期，第 38 页。

⑤ 宁清同：《我国法学教育培养目标的偏失与矫正探析》，载《中国法学教育研究》2018 年第 3 辑，第 18 页。

目标拓展到管理人的合理性有待商榷，但这种反思确实揭示了高等学校将法科学生"多元"KAQ 培养模式的目标定位为"高素质的法律人才"的不足之处。法律人才既包括学术型人才又包括应用型人才，但我国目前需要的是大量高素质的应用型法治人才。"法治人才比法律人才的适应性更强，要求实践性更强。"① 因此，党和国家领导人从全面依法治国的战略角度将高等学校法科学生培养目标从"高素质的法律人才"调整为"高素质法治人才"。

2014 年 10 月 23 日，党的十八届四中全会通过了《中共中央关于全面推进依法治国若干重大问题的决定》，为高等法学教育改革指明了新的方向，即从培养法律人才转变为培养"法治人才"。2017 年 5 月 3 日，习近平总书记在中国政法大学考察的时候对进一步推动法学教育的改革提出了新的要求："全面推进依法治国是一项长期而重大的历史任务，要坚持中国特色社会主义法治道路，坚持以马克思主义法学思想和中国特色社会主义法治道路，坚持以马克思主义法学思想和中国特色社会主义法治理论为指导，立德树人、德法兼修，培养大批的高素质法治人才。"② 2018 年 4 月 12 日，教育部法学教学指导委员会发布的《国标》规定了法学本科的培养目标为："培养德才兼备，具有扎实的专业理论基础和熟练的职业技能、合理的知识结构，具备依法执政、科学立法、依法行政、公正司法、高效高质量法律服务能力与创新创业能力，熟悉和坚持中国特色社会主义法治体系的复合型、应用型、创新型法治人才及后备力量。"同年 10 月 8 日，教育部和中央政法委出台了卓越法治人才培养计划 2.0，明确提出了"经过 5 年的努力，高等法学教育质量显著提升，培养造就一大批宪法法律的信仰者、公平正义的捍卫者、法治建设的实践者、法治进程的推动者、法治文明的传承者，为全面依法治国奠定坚实基础"。从党的十八届四中全会的重大决定，到习近平总书记在中国政法大学的重要讲话，再到教育部和中央政法委的卓越法治人才培养计划 2.0，进一步明晰了我国法学本科

---

① 徐显明、黄进、潘剑锋等：《改革开放四十年的中国法学教育》，载《中国法律评论》2018 年第 3 期，第 10 页。

② 法学教指委秘书处：《"培养德法兼修高素质法治人才研讨会"纪要》，载《中国法学教育研究》2017 年第 3 辑，第 3 页。

学生"多元"KAQ培养模式的目标——培养"德法兼修的高素质法治人才"。不少高校根据新时代法治中国的要求，修改了法学本科生的培养方案和培养目标。例如，政法类高校的典型——中国政法大学在最新版的法学本科培养方案中明确表示："旨在培养具有厚基础、宽口径、高素质、强能力的复合型、应用型、创新型高级法律职业人才。"又如，综合性大学吉林大学在2018年的法学本科学生的培养方案中设置的培养目标为："以现代中国法治社会及全球化社会之建设发展对法律人才的需求为导向，立足于法学院目前的综合实力，理论素养深厚，法学专业基础扎实，政治信念坚定，法律品格高贵，对人民有真挚的同情与博爱之心，敢于担当社会公共责任，具有开阔的国际视野和创新精神，并有笃实践行能力，能够广泛胜任立法、司法、律政、法律教育、企业法务、国际法务等工作的高层次法律精英人才。"再如，地方性高校广东财经大学法学院法学本科学生培养目标为："培养德才兼备，具有扎实的专业理论基础和熟练的职业技能、合理的知识结构，具备依法执政、科学立法、依法行政、公正司法、高效高质量法律服务能力与创新创业能力，熟悉和坚持中国特色社会主义法治体系的复合型、职业型、创新型法治人才及后备力量。"在各高校纷纷将法学本科学生培养模式的目标调整为"德才兼备的复合型、应用型和创新型法治人才"的背景下，究竟是否需要将"法治人才"细化为以法官或律师的知识—能力—素质为培养出发点？笔者拟在考察域外高等学校法科学校培养模式改革之后，再根据我国法学本科学生"多元"KAQ培养模式存在的问题与不足，并充分考虑中国的高等法学教育现实状况，在本书第四章提出细化法学本科学生培养模式目标的具体建议。

（二）课程设置

高等学校法学本科学生"多元"KAQ培养模式中核心的部分就是课程设置。而课程设置与培养模式的目标是密不可分的。培养模式的目标变化将直接影响课程设置的理念。改革开放初期，法学刚刚成为高等教育中一个独立的学科，急需法学理论人才发展法学，高等学校法科学生培养模式自然以法学理论人才为目标，课程设置必然以"法学知识的系统性、完整性及其内在必然逻辑性"为核心理念。① 1982 年，司法部组织出版了一批法学统编教材，为高校法学教育主干课程的开设奠定了基础。到 1983 年，全国已经有 50 余个法学院系，教育部直属的重点综合性大学和一些省级综合性大学均设立法学院（系），所开设的课程均恢复到 20 世纪 50 年代的水平。② 随着国家对法制的日益重视和法学学科的不断发展，高校法学院系仅以培养法学理论人才为目标无法适应社会现实的巨大变化，法学专业本科课程设置也显得陈旧和落后。1992 年之后，高校法科学生培养模式的目标从培养学术型人才逐渐转向了法律人才，各校的课程设置也开始重视法学教育的实践性和职业性，摸索如何构建本科法学实践课程体系。尤其是在 1993 年党的十四届三中全会指出"社会主义市场经济体制的建立和完善，必须有完备的法制来规范和保障"之后，高等法学教育进入了快速发展时期。在卓越法律人才培养计划强调高校应重点培养"复合型和应用型高素质法律人才"指导思想的影响下，2012 年后各校的课程设置融合了博雅教育、法学专业教育和法律职业教育的理念，形成了三大基本课程模块，即通识课程模块、法学专业课程模块和法律实践课程模块。前文考察了卓越目标下法学本科学生"多元"KAQ 培养模式的改革现状，发现近年来各校在教育实践中均根据培养目标的新要求较大幅度地增加了通识课程和法律实践课程的分量。然而，从我国其他学者的实证研究来看，卓越法律人才培养计划推行之后，法学本科课程设置依然存在诸多问题。有学者指出现行的法学专业课程设置难以培养扎实的基础和完整的知识结构，无法满足法学思维养成之需求，缺乏培养学生独立思考能力与训练学习方法能力的专业课程。③ 有学者以五大政法院校的法学本科课程设置为研究对象，发现在代表了高等法学教育"最高水平"的课程体系中，法学专业必修课程和专业选修课程设置仍存在一定偏差，专业选修课程不仅数量要求

---

① 杨秀清：《法学教育培养目标与课程设置之思考》，载《中国法学教育研究》2006 年第 2 辑，第 119 页。

② 费安玲等：《中国法学专业本科课程体系设计改革研究》，中国政法大学出版社 2016 年版，第 29－30 页。

③ 费安玲等：《中国法学专业本科课程体系设计改革研究》，中国政法大学出版社 2016 年版，第 192－196 页。

偏低,而且缺乏自主性、前沿性和特色性。[①] 还有学者从"互联网＋法学本科"教学改革的角度考察,我国法学本科课程设置尚未很好地与互联网相融合,法学本科教学管理者不积极推动"互联网＋"课程改革,教师不能充分利用网络资源来丰富和拓展课程内容,学生怠于通过"互联网＋"课程来培养自主学习能力。[②]

2018 年,教育部出台的法学本科教学《国标》明确提出了法学本科学生培养模式的目标应为"培养复合型、应用型、创新型法治人才及后备力量",并在课程设置要求上总体分为两大体系:即理论教学课程体系和实践教学课程体系。理论教学课程体系包括思想政治理论课、通识课、专业课;实践教学课程体系则包括实验和实训课、专业实习、社会实践与毕业论文。课程的总学分应控制在 160 学分左右,其中明确规定了实践课程学分不得少于总学分的 15%。高等学校法学本科培养模式的目标定位直接关系到课程设置理念的更新和课程体系的构建。当我们将培养模式的目标明确定位为"德才兼备的复合型、应用型和创新型法治人才"时,课程设置也应围绕最新的培养目标进行调整,各校应着力打造精品思想政治课程,开发一系列线上、线下课程,开设跨学科、跨专业新兴交叉课程,优化法学专业课程和强化实践教学课程。从互联网可以查询到的最新版法学专业本科学生培养方案的课程设置来看,无论是教育部直属的重点综合性大学,还是政法类高校,抑或是地方性高校的法学院系,都在根据《国标》的新要求积极调整课程设置,尤其是重点综合性大学和"立格联盟"高校,其课程设置标准还高于《国标》的要求。笔者之所以选取了地方性高校广州大学法学院的课程设置作为分析对象,原因在于该法学院作为一所普通地方性大学的法学院,且未入选首批"卓越法律人才培养基地",可以在一定程度上反映我国中等水平的法学院系在课程设置上存在的问题。

根据广州大学法学院 2018 年的本科学生培养方案,该学院的理论教学课程体系分为思想政治理论课程、通识课程和专业课程。思想政治理论课

---

① 刘坤轮:《我国法学类专业本科课程体系改革的现状与未来——以五大政法院校类院校为例》,载《中国政法大学学报》2017 年第 4 期,第 144 - 145 页。

② 杨攀、杜志红:《"互联网＋法学本科"教学改革的需求、困境与出路》,载《法学教育研究》2019 年第 2 期,第 351 - 374 页。

程包括：思想道德修养与法律基础、中国近现代史纲要、马克思主义基本原理、毛泽东思想和中国特色社会主义理论体系概论，共12学分，显然该学院已按照国家要求全面实施思想政治理论课程方案。通识课程全面涵盖了外语、体育、计算机课程以及逻辑学等课程。通识选修课包含"历史与文化""社会与经济"和"科学与技术"等七大模块，学生至少选修14学分，模块中人文社会科学、自然科学课程的设置较为均衡。专业课程设置了学科基础课程平台和专业课程平台。法学专业核心课程采取"10＋7"分类设置模式。10门专业必修课程全部按照国家要求设置，还设有7门专业必修课程，包括商法学、经济法学、知识产权法学、证据法学、国际私法学、国际经济法学和劳动与社会保障法。专业选修课程与专业必修课程形成了逻辑上的拓展和延续关系，并根据该学院的实验班和专业特色，设为律师方向模块、立法方向模块、步云班模块和跨模块，其中跨模块新设了17门全英文授课专业选修课程。为培养学生的职业技能和职业伦理，广州大学法学院还构建了"全学程实践课程体系"，四年中不间断、多样化地给学生开设实践课程。首先，学院利用模拟法庭、法律诊所、专业实验室、实训基地和校外实习基地，独立设置实验、实训课程，组织专业实习，强化创新创业教育。实验、实训和专业实习课程制定了教学大纲，明确教学目的与基本要求，明确专业实习的主要内容和学时分配，专业实习时长为10周。其次，学院根据本专业实际需要，认识实习1和认识实习2组织了各种形式的法制宣传教育活动，让学生了解社会生活，培养其社会责任感，增强其社会活动能力，社会实践时长为4周。最后，毕业论文（设计）主要采取学术论文形式，指导老师由法学专业具有讲师以上职称的教师担任，学习时长为8周。毫无疑问，广州大学法学院的课程设置不仅达到了《国标》的要求，而且还充分发挥自身的优势建立了颇具特色的全学程实践课程体系。该学院的课程设置体现了重实践和强通识的思路，但是专业课程体系缺乏创新和特色，无法实现"强专业"的目标。此外，该学院未体现"互联网＋"教学改革方向，尚未充分建设线上课程。因此，未来的课程设置改革的重点应是回归建设可以培养"多元"知识—能力—素质的法学专业课程体系，更好地将互联网思维融入课程设置。

（三）教学方法

高校法科学生培养模式的目标回答的是高校应当"培养什么人"的方向问题，课程设置解决的是高校培养本科学生的具体内容问题，教学方法则是回应高校如何将培养内容教给学生的问题，也是法学本科学生"多元"KAQ培养模式中的关键环节。我国高等法学教育初期采用的是一种教条主义的格式化教学——灌输式教学方法，这种教学方法要求学生将苏联和新中国法律制度同马克思主义当作无可置疑的真理进行记忆，教学停留在国家政治、政策和法律的解释上，影响学生的思维模式、判断能力和创新精神。后来几十年的高等法学教育教学方法基本都是源自这个时期影响下的灌输式教学方法。[①] 随着我国法学本科学生培养模式的目标变化，课程设置的调整，法学本科教学采取的方法日趋多元化。但是，各校法学院系的专业课程仍然以灌输式的传统讲授法为主要教学方法。正如清华大学法学院的张卫平教授在其著作《法学研究与教育方法论》中所指出的那样，在法学专业课程的教学中，课堂教学依然是主要的教学形式，尽管课堂教学有多种方法，有传统课堂的规范分析教学法（或称概念分析教学法）、案例教学法和研讨式教学法，但不可否认的是，规范分析教学法即传统的课堂教学法仍是目前法学教学的主要方法。规范分析教学法与法学的规范分析方法或法教义学有着内在联系，它是从法律规范的原理、概念出发，而非从司法实践出发。传统课堂教学法以教师讲解为主，好处在于有利于理论知识的传授，特别适合大班授课。[②] 但缺点也非常明显：其一，实践性不足，学生对法律适用缺乏实在感受；其二，完全以教师为中心，学生难以培养自主学习能力、批判能力和创新能力。因此，如何改造传统课堂讲授法是实现法学本科学生"多元"KAQ培养模式目标的关键。从现有的文献来看，我国高等法学教育教学实践中已经出现了启发式讲授法、

---

① 付子堂主编：《当代中国转型期的法学教育发展之路》，法律出版社2010年版，第111－112页。

② 张卫平：《法学研究与教育方法论》，法律出版社2017年版，第205－206页。

问答式讲授法和探究式讲授法。① 笔者认为不同的课程,不同的教学班级(大班或小班)可以采用不同的讲授法:在基础课程和大班授课上,传统的规范分析方法仍有优势;专业选修课程和小班授课则可以采用改良的讲授法。本书第四章将通过具体的民法学课程的教学进一步讨论传统课堂讲授法。

案例教学法是我国高等法学教育发展时期从域外引入的教学方法。狭义的案例教学法仅指课堂案例教学法,教师授课中以真实案例为中心,分析案件中的事实认定和法律适用的基本原理。与传统的课堂讲授法的运用案例说明特定的概念和原理不同,案例分析法是完全以真实案例为出发点,教学主要围绕着案例中的相关法律予以展开,讲究针对真实案例,对法律问题进行揭示、分析、处理的完整过程。② 这种教学方法的长处在于通过对真实案例的事实和法律适用进行完整和细致的分析,有助于学生更好地理解和适用法律,能够培养学生像法官、检察官或律师一样进行思考。因此,目前相当多的法学院系都已经开设了诸如民法经典案例分析和刑法经典案例分析等的案例分析课程,并采用了案例教学法。广义的案例教学法除了课堂案例教学法,还包括仿真案例教学法、模拟法庭教学法和法律诊所教学法。我国高校教师在教学实践中还摸索出了案例教学的新模式——"个案全过程教学法"。③ 这些案例教学法主要是通过让学生全程参与仿真案例、模拟案例和实际案例的解决过程,体验纠纷过程中法律人的角色经验,从而自主地培养法律职业能力,形成对法律职业的认同感,并养成法律职业精神。因此,这些案例教学法也可称为"实践式教学方法"。从公开的法学本科学生的培养方案来看,各法学院系在法律实践课程中已经广泛采用了实践式教学方法。但值得注意的是,案例教学法并未成为各法学院系的主要教学方法,此种方法不过是对传统课堂讲授法的补充而已。

---

① 刘立霞、王文晓、李晓:《法学教育的理念与教学方法探析》,载徐祥民主编:《以培养卓越法律人才为目标:法律人才培养模式改革论集》,中国法制出版社2015年版,第84-85页。

② 张卫平:《法学研究与教育方法论》,法律出版社2017年版,第215-216页。

③ 王晨光:《"个案全过程教学法"是探索法律实践教学新路径》,载《法学》2013年第4期,第46页。

此外，随着互联网的兴起，"慕课"和"雨课堂"等线上教学软件的出现，使网络教学法成为高等法学教育中的一种新的教学方法。网络教学具备传递信息便捷、知识获取量大等优势，有利于打破时空的限制，实现教育资源的共享、师生之间的沟通，适应了信息时代高等法学教育的要求。在法学专业课程教学过程中运用网络教学法，一方面利用"慕课""翻转课堂"，有利于学生实施碎片化的学习和课前预习；另一方面通过线上教学软件设置与课程内容相关的案例、报道等信息，借助信息技术手段将教学内容化繁为简、化难为易、化静为动、化单调为多彩，激发学生的学习兴趣和参与学习的热情。网络教学法使学生能够不受时空限制地接受教育、进行知识更新，有利于提高教学效率和教学质量。①

（四）考试制度

高校法学院系的考试制度是法学本科学生"多元"KAQ培养模式中的评价机制。它关乎教师的教学效果，更关乎学生的培养质量。但长期以来，在我国法科学生培养模式的实践过程中，考试制度一直未得到应有的重视，其中主要存在三大问题。其一，考试制度重总结性评价，轻形成性评价。无论是通识教育课程，还是法学专业课程，抑或是法律实践课程，必修课一般采取考试方式，选修课则采取考查方式。在相当长一段时间里，必修课的考试成绩中平时成绩占30%，期末考试（书面试卷）成绩占70%。近年来，多数高校将必修课的考试成绩比例调整为平时成绩占40%，期末考试成绩占60%。虽然有部分法律实践课程的考试成绩的平时成绩可占50%，但仍改变不了法学院系在考试制度上重视总结性评价，忽视形成性评价的固有做法。其二，考试制度无法与统一法律职业资格考试衔接。目前多数高校法学院系的专业课程的考试以考查学生理论知识为重点，期末考试的题型多为选择题、名词解释、简答题、案例分析题和论述题，其中占分比重大的是名词解释、简答题和论述题，一般达到卷面成绩的50%～60%。2015年年底，司法部颁布了《关于完善国家统一法律职

---

① 刘立霞、王文晓、李晓：《法学教育的理念与教学方法探析》，载徐祥民主编：《以培养卓越法律人才为目标：法律人才培养模式改革论集》，中国法制出版社2015年版，第87页。

业资格制度的意见》，提出要改革法律职业资格考试的形式和内容：一方面，将考试分为客观题和主观题两个阶段，第一阶段客观题采取机考形式，通过客观题测试后方能进入主观题考试阶段；另一方面，改革考试的内容，"以案例题为主，每年更新相当比例的案例，大幅度提高案例题的分值"①。这不仅对高校教学内容提出了新的要求，也对现行的专业课程考试制度提出了新的要求。其三，考试制度所采用的考试形式过分单一。目前的考试形式主要采取笔试和论文方式，尽管有部分课程可采用口试方式，但适用范围不广。法学本科学生应具有多元的知识、能力和素质，仅用笔试和论文的考核方式，不仅难以全面评价学生，更无法实现"教""学"和"考"三方面的统一，导致考试制度无法成为控制和评价培养学生质量的最后底线。综上所述，法学本科的考试制度亟待改变。

第二节 法学研究生"多元"KAQ培养模式之实践与反思

一、法学研究生"多元"KAQ培养模式实践

（一）1995—2011年法学研究生"多元"KAQ培养模式实践

法学研究生自1978年恢复招生至1995年，在相当的一段时间以培养学术型的法律人才为唯一目标。在此目标下，有法学硕士学位点的高校构建的是"学术型"KAQ培养模式。这实质上是一种"单一型"法学专业的KAQ培养模式，无法满足我国社会高速发展对高层次复合型和应用型法律人才的需求。1993年，根据中组部和人事部的统一部署，司法部会同最高人民法院、最高人民检察院和公安部开展了全国政法系统队伍状况，以及到2000年法律人才需求的调查统计和人才预测工作，统计的结果显示：法律专业研究生层次的干部占法院系统干部总数的0.25%，法律专业研究生层次的干部则仅占检察院系统干部总数的0.11%。② 而当时知识产权案

---

① 吕涛、窦衍瑞：《应用型法治人才培养的课程体系构建》，载《法学教育研究》2019年第2期，第147页。

② 霍启丹：《中国法学教育的发展与转型（1978—1998）》，法律出版社2004年版，第334页。

件、高科技犯罪案件和金融案件等新型案件大量出现，法律实践中法官和检察官所面对的问题和纠纷越来越复杂化和综合化，对法律人的知识、能力和素质都提出新的要求和挑战。可以说，法学本科教育已经不能成为应用型法律人才的最高规格和层级边界，社会现实急需通过法学研究生教育培养大批高素质的复合型和应用型法律人才。① 针对我国政法工作的实际需要，为培养高级复合型和应用型法律人才，1995 年国家批准了法律硕士专业学位教育项目。② 根据 1999 年全国法律硕士专业学位教育指导委员会公布的《法律硕士专业学位研究生指导性培养方案》的规定，法律硕士的培养目标是为实际部门培养德才兼备的、适应社会主义市场经济和社会主义民主、法治建设需要的高层次的复合型、应用型法律人才。在此培养目标下，法律硕士应具有多元的知识—能力—素质。因此，拥有法律硕士学位点的高校都依此目标开始打造法学研究生"多元"KAQ 培养模式。

经过三十几年的发展，我国法学研究生的招生和毕业数量不断攀升，但却出现了培养质量明显下滑的趋势。其主要原因包括：法学研究生招生规模的扩张导致了培养资源严重短缺；法学研究生的课程设置和教学方法，与法学本科的并无太大区别，不仅课程设置无法满足培养高层次的法律人才的教学需求，而且教学方法仍是沿用以课本为主的传统讲授教学法；法学研究生培养没有形成合理有效的考试制度，基本上采取"严进宽出"的弱制度。③ 无论是学术型的法学研究生的培养质量，还是复合型和应用型的法学研究生的培养质量，均达不到国家对高素质法律人才的要求。与法学本科学生培养模式一样，多数高校必须对既有的法学研究生"多元"KAQ 培养模式予以革新。

---

① 霍启丹：《法律教育：从社会人到法律人的中国实践》，中国政法大学出版社 2010 年版，第 173 页。

② 王健：《构建以法律职业为目标导向法律人才培养模式——中国法律教育改革与发展研究报告》，载《法学家》2010 年第 5 期，第 145 页。

③ 李叶：《我国法学研究生教育刍议——从法学硕士与法律硕士的比较切入》，贵州师范大学硕士学位论文，2014 年，第 32 - 33 页。

（二）"协调创新"理念下法学研究生"多元"KAQ培养模式实践①

1. 法学研究生"多元"KAQ培养模式协同创新实践概况

2011年，胡锦涛同志提出了高校建设要积极推动协同创新。之后，教育部和财政部联合颁布实施了"2011计划"。协同创新成为我国高等教育发展的新方向，法学教育由此获得了新的生命力，尤其为法律专业学位研究生培养模式改革注入了新的内涵，建立起校内、校际、校与法律实务部门等各种培养学生的协同创新模式，从而实现提高法律人才质量之目的。2014年6月，《中国法治建设年度报告（2013）》明确提出要提高法学教育模式的创新水平。② 传统的仅由高校法学院系或政法院校一方主导的研究生培养模式难以实现培养创新型和具有多元知识—能力—素质法律人才的目标，需要多主体共同参与到法学研究生的培养中来。"协同创新"理念的提出，为法学研究生多主体培养多元"KAQ"培养模式指明了方向。

法学研究生"多元"KAQ培养模式协同创新是指以高校法学院系或政法院校为主导，政府、法律实务部门、企业等多元主体参与，整合各方培养法学研究生的资源，形成知识有机共享机制，实现培养多元能力和素质的复合型和应用型法律人才的共同目标的模式。该模式的基本特征是：其一，高校为主导，其他多元主体参与。我国法学研究生教育的任务主要由高校承担，其是负责培养法学研究生的第一主体。只有明确高校的主导地位，由其协调多主体之间的资源配置，才能形成多主体以协同的方式培养学生的机制。其二，集成是协同创新模式的灵魂。多元主体培养法学研究生的资源仅仅是一般性的聚合，无法达到协同创新的效应。只有当多主体之间培养学生的资源以最合理的结构形式结合在一起，形成一个优势互补、相互匹配的有机体时才有1加1大于2的效果。③ 其三，多元主体的共同目标是培养多元知识、能力和素质的复合型和应用型法律人才。在我

---

① 此部分写作是基于作者已经发表的论文，参见邱雪梅：《高等学校法科学生培养"协同创新"模式研究》，载《河北师范大学》（教育科学版），2015年第6期，第119–124页。

② 中国法学会：《中国法治建设年度报告（2013）》，《法制日报》，2014年6月18日。

③ 曹青林：《协同创新与高水平大学建设》，华中师范大学博士学位论文，2014年，第61页。

国，由于长期以来各政法院校和法学院"单打独斗"，各院校之间培养学生的资源缺乏流动性，培养出来的学生视野相对较窄。另外，高校与法律实务部门或企业联系不密切，造成法律教育与社会实践相脱节，法律人才的职业定位与社会需求错位。而要让有着不同利益诉求的主体的资源实现集成，就是让各主体目标一致，选择合适的方式，实现各方利益的最大化。

2. 法学研究生"多元"KAQ培养模式"跨学科协同创新"实践

正如西北政法大学原校长贾宇指出的，在法科学生协同创新培养模式中，关键的一环是学科协同，促进学科之间的交叉和融合，开设综合性、跨学科课程，建设跨学科教学团队，提供法学教育质量。① 从首批进入卓越法律人才教育培养基地高校中的"五院四系"和清华大学公开的信息进行考察，可以看出各校注重学科间的交叉融合，不断拓展新兴学科和交叉学科。以中国政法大学为牵头高校，以吉林大学和武汉大学为主要参与高校，共同组建的司法文明协同创新中心是典型的法学与自然科学跨学科培养复合型法律人才基地。当司法文明发展到高级阶段时，自然科学尤其是高科技研究的最新成果将被广泛应用于司法制度的构建。作为我国首个入选"2011计划"的法学类协同创新平台，共建的司法文明协同创新中心的优势之一在于法学家与自然科学家协同创新。中心拥有涉及医学、生物学、物理学、化学和心理学等专业领域的29位法庭科学家，② 他们与法学家一起合作培养高素质的法律人才，他们不仅要掌握司法文明研究的最新成果，还要通晓新的科技手段如何在司法制度中应用。

然而，跨高校组建司法文明协同创新中心并非易事，相对而言，北京大学整合校内跨学科资源所建设的跨学科培养协同创新模式更值得借鉴。从2013年开始，北京大学面向研究生开设了关于研究生科学精神与学科素养的课程"才斋讲堂"。该讲堂每学期组织学术报告6～10讲，邀请校内著名专家学者授课，从学科架构、学科的历史与发展、学科的交叉与融

---

① 贾宇：《西北政法大学校长贾宇指出：明确法学教育协同创新努力方向》，载《法制资讯》2012年第7期，第50页。

② 张文显、张保生、王树义等：《突破机制体制壁垒组建培养司法文明协同创新中心》，载《中国高等教育》2013年第9期，第32页。

合、学科的研究与应用等方面,解读学科奥秘,分享研究心得,从而促进高水平人才的培养。至2019年11月末为止,北京大学共开设了165讲,为该校各学院培养具有多元知识结构的研究生奠定了良好的基础。表2-1为2017—2018年"才斋讲堂"的课程安排表。

表2-1 2017—2018"才斋讲堂"课程安排

时间	报告人数	报告人所在学科	学时	学分
2017年9—12月	9	医学、历史学、外语、物理学、社会学、化学与生命科学、地球与空间科学、新闻与传播学、量子信息科学	16	1
2018年3—6月	6	建筑学、城市与环境学、社会学、历史学、政治经济学、量子电子学	16	1

从表2-1可以看出,2017年9月至2018年6月北京大学法学院研究生可选修的"才斋讲堂"的课程共有15讲,报告人所在的学科涵盖了13个学科,其中历史学和社会学分别由两位著名学者主讲,这种跨学科的课程设计和内容,无疑将有助于学生拓展视野,使他们不会仅仅关注人文社科领域,而是在通晓人文社科知识的基础之上,掌握自然科学的基础知识和前沿信息,为其未来的职业发展创造良好的环境。

3. 法学研究生"多元"KAQ培养模式"跨培养主体协同创新"实践

各大法学院校纷纷积极突破单一主体培养法学研究生的旧模式,创设各具特色的跨主体培养法学研究生的协同创新模式,并达成以下两点共识。

(1)建设"一名法学研究生多所大学"的协同创新培养机制。这种校际协同培养法学研究生机制已经形成了两个层次。第一层次是国内校际协同创新培养法学研究生模式。国内校际协同创新模式按地域又可以分为当地大学园区校际协同模式和区域性大学协同模式。华东政法大学的经验可予借鉴:一方面,该校参与了上海市松江大学园区高校间的资源共享机制,在师资力量上高校之间互聘教师,在学生培养上实施交换生项目、允许跨校选课且互认学分；另一方面，该校参与了"长三角"高校间的资源共享机制，部分学生被派出到异地的南京大学和浙江大学学习，并且接受其他高校的学生到华东政法大学学习。华东政法大学原校长何勤华认为，这种方式促进了"教育教学内容、模式、手段的更新，客观上有利于我校教育教学工作的发展"①。第二层次则是国际高校之间协同创新培养法学研究生模式。在世界区域整合的趋势下，与国际制度或观念接轨相当重要，国内政法院校或法学院与国外法学院协同培养优秀法学研究生，是我国高等学校法律教育主动获取全球优质法律教育资源的重要举措。就学生培养方面而言，近年来，部分院校不只是停留在简单的交流合作层面，而是进一步探索深度协同创新培养法学研究生的可能性。不少法学院或政法院校在暑期开展国际项目，聘请域外一流法学学者开设全英文课程，并分步引入国外大学的相关教材、教学计划和相关课程。例如，司法文明协同创新中心在 2014 年 7 月 17 日至 8 月 10 日开办"证据科学"暑期国际学校，聘请来自美国、瑞士、意大利、澳大利亚的国际知名学者和来自联合国国际法庭的法官，使用全英文教材，全程用英文讲授各国证据法、法庭科学及相关交叉学科知识，探讨国际前沿问题。部分法学院或政法院校还与海外知名高校建立了不同类型的合作培养项目。譬如，国际化程度最好的中国人民大学法学院已经设置了三种不同类型的培养项目。第一种为"学生交换"培养项目。该学院与美洲一些一流法学院、欧洲 12 所著名法学院、澳洲和亚洲一些法学院合作展开的研究生交换培养项目，每年可派若干研究生至对方学院交流学习一年。第二种为"海外游学"培养项目。自 2010 年起，该院选派优秀学生赴英国、美国、德国、瑞士、日本、台湾等国家或地区伙伴院校参加暑期项目，项目内容包括课程学习和丰富的参访活动，每年派出数十名学生。第三种为"海外实习"培养项目。每年选派优秀学生前往世界知识产权组织、欧洲人权法院和联合国毒品与犯罪办公室实习，还与金杜律师事务所合作，资助学生进入海外著名律师事务所实习。

---

① 何勤华：《华东政法大学校长何勤华指出：协同创新提升法学教育质量》，载《法制资讯》，2012 年第 7 期，第 46 页。

（2）建立"一名法学研究生多个法律实务部门"的协同创新培养机制。各校开始逐渐运用不同的协同培养方法，让法律实务部门在法律专业学位研究生培养方面发挥实质性作用。以笔者所在的广州大学法学院为例。该院建立了与行政执法、企事业单位、司法实务等部门"深度合作"的协同培养模式。对法律专业学位研究生采取全学程教学实践，要求学生一进入学校就要接触实践，把对实务问题的分析判断和处理贯穿于整个培养过程。主要是到法律实务部门观摩、实习及参与真实案件分析处理，让学生了解实践、参与实践。在研究生培养阶段，实行校内导师和校外实务部门兼职导师相结合的双导师制，形成法律硕士专业学位教育与行业深入对接、互利共赢的新局面。由双导师共同制定指导学生的个人培养计划。根据因材施教原则，双导师基于每位研究生的原有基础和实际情况，制订出个人培养计划，以落实培养方案。校外兼职导师参与课内教学。在课程设置上，开设了《高级法律实务》《法律文书》和《法律谈判》等具有较强实操的课程，将由数位校外兼职导师承担教学任务，拓展学生的实务信息。校外兼职导师做学生的实习指导教师。由导师亲自传授实践经验，有助于学生更好地掌握法律职业技能，提高法律职业能力。双导师共同指导学生的毕业论文。鼓励学生在校外兼职导师指导下，将其在实习期间发现的法律问题作为毕业论文题目，在校内导师的指导下，按照学术规范完成较高质量的毕业论文。此外，华东政法大学和中国政法大学还与法律实务部门协作，探索新的产学研联合培养研究生的形式。华东政法大学与上海市高级人民法院创新设立了"研究生法律助理项目"，全市20家法院每年安排该校100名法科研究生担任法官助理，时间长度为4个月。[①] 中国政法大学则与最高人民法院和最高人民检察院协作，开设应用型法学研究生培养项目。

---

① 何勤华：《华东政法大学校长何勤华指出：协同创新提升法学教育质量》，载《法制资讯》2012 年第 7 期，第 47 页。

二、法学研究生"多元"KAQ培养模式实践之反思

（一）培养模式的目标

与法学本科学生培养模式的目标一样，法学研究生"多元"培养模式的目标将直接决定培养模式中的课程设置、教学方法和考试制度。法学研究生培养模式的目标最初是单一的培养法学人才，无论是法学研究生的课程体系，还是研究生导师或授课教师采用的教学方法，抑或是法学研究生考试制度都以法学学术知识、能力和素养为中心。1995年，随着法律硕士研究生的出现，法学研究生的培养模式的目标在培养学术型法律人才之外，增加了培养复合型和应用型的法律人才。

经过三十多年的教育实践，法学研究生的培养目标主要为培养具有多元知识、能力和素质的高层次法治人才。我们先以清华大学法学院为例。清华大学在2017级法学博士研究生培养方案中明确规定，博士研究生应系统、深入地掌握法学学科基础理论和专业知识，了解法学学科研究动态，具有独立从事系统的法学研究科研能力和高层次法律事务工作能力。显然，法学博士研究生培养模式的目标是"学术型＋应用型"法律人才。清华大学法学院在2017级法律硕士研究生培养方案中设定的培养目标是为法律职业部门培养具有社会主义法治理念、德才兼备、高层次的复合型、实务型法治人才。该校仅在2017级法学硕士研究生培养方案中确定以培养学术型人才为目标，即"通过系统的学习和训练，使学生成为具有坚实的法学理论、系统的知识结构、独立的学术研究能力、紧跟学术前沿的国际视野、投身社会主义法治国家建设的远大抱负和强烈责任感的高层次法学人才"。我们再以中国政法大学为考察对象。该校2018年的法学博士研究生培养方案将培养模式的目标定位为"高级法律应用人才和法学研究人才"。例如，证据法专业攻读博士学位研究生培养方案中明确规定："本专业培养具有社会主义思想道德觉悟，坚持马列主义、毛泽东思想、邓小平理论、"三个代表"重要思想、科学发展观，拥护中国共产党的领导，坚持社会主义方向、德才兼备、具有法治意识和比较法视野的高级法律应用人

才和法学研究人才。"关键是，该校多数法学硕士研究生培养模式的目标也转为了培养能从事法学研究与法律实务工作的高素质复合型人才。譬如，2018年民商法专业的培养方案明确指出："民商法专业致力于培养具有正确的政治立场和健全人格，热爱法律事业，能够运用民商法的专业知识从事法学研究或服务于市场经济建设的法律专门人才。"而该校法律硕士研究生培养模式的目标则一直都是培养高层次应用型、复合型法治人才。

正如前文已述，法学本科学生的培养模式目标从"法律人才"调整到"法治人才"，进一步强调了以培养应用型法律职业人才为目标。法学研究生的"多元"KAQ培养模式的主要目标也调整为培养"应用型、复合型高层次法治人才"。法律硕士研究生培养模式的目标早就与此目标一致，关键是传统的法学研究生培养模式的目标该如何设定？中国政法大学所倡导的"高素质学术型与实务型复合型法律人才"是否可行？我们将在第四章继续讨论。

（二）课程设置

随着我国高校法学研究生"多元"KAQ培养模式的目标发生变化，法学研究生的课程设置也做出了相应的调整，从传统的单一的法学理论课程体系转向综合性的课程体系，尤其是"跨学科协同创新"和"跨培养主体协同创新"一定程度上增加了法律硕士研究生课程的多元性和实践性。然而，我国多数高校法学研究生的课程设置仍是以理论课程教学为主，跨学科课程和实践性课程所占比例较小。下文将以中南财经政法大学2016级的法学研究生课程设置为分析对象。

其一，法律硕士（法学）研究生和法律硕士（非法学）研究生课程设置不仅专业理论课程同质化严重，而且法律硕士（非法学）实践性课程数量不足。该校法律硕士（法学）研究生的课程分为公共必修课（6学分）、专业必修课（22学分）、专业选修课（10学分）、实践必修课（9学分）和为期6个月的专业实习（6学分）。其中实践必修课有法律文书、法律职业规范与伦理、模拟法庭训练和法律谈判。而法律硕士（非法学）研究生的课程分为公共必修课（6 学分）、学科基础课（3 学分）、专业必修课（22 学分）、专业选修课（21 学分）、实践必修课（5 学分）和为期 3 个月的专业实习（5 学分）。其中实践必修课仅有模拟法庭训练和法律谈判。

其二，法学硕士研究生课程设置的跨学科课程数量较少，且完全没有实践性课程。我们先以法学硕士的课程设置为例。因法学硕士研究生按法学二级学科分方向培养，培养方案也细分为 12 个专业方向。从民商法方向法学硕士研究生培养方案的课程设置来看，法学硕士研究生的课程分为公共必修课（7 学分）、公共选修课（5 学分）、学科基础课（法理学，3 学分）和专业课（21 学分）。我们再以法学博士研究生的课程设置为例。法学博士研究生同样分为 11 个专业方向进行培养。从民商法方向法学博士研究生培养方案的课程设置来看，法学博士研究的课程分为公共必修课（5 学分）、公共选修课（2 学分）、学科基础课（研究方法和一级学科经典文献，4 学分）和专业课（12 学分）。显而易见，同专业方向的法学硕士研究生和法学博士研究生的课程类型相同、公共必修课和专业课实质上课程内容相同，只是难度要求不同。

从上述中南财经政法大学 2016 级法学研究生课程设置来看，该校的课程设置不仅整体与新时代培养"复合型、应用型的法治人才"的目标并不一致，而且法律硕士研究生部分的课程设置与新修订的法律硕士指导性培养方案的课程设置要求不符。根据 2017 年法律硕士指导性培养方案（法学专业），理论课程设置总体不应低于 34 学分，理论课程应分为必修课（不低于 18 学分）和选修课（不低于 16 学分）；实践教学与训练课程设置总体不应低于 15 学分，包括法律写作、法律检索、模拟法庭、模拟仲裁、模拟调解等，此外还有法律谈判和专业实习（不少于 6 个月）。而遵循 2017 年法律硕士研究生指导性培养方案（非法学专业），理论课程设置总体不应低于 53 学分，理论课程应分为必修课（不低于 32 学分）和选修课（不低于 13 学分），实践教学与训练课程设置则应与法律硕士（法学专业）完全一致。中南财经政法大学是入选法学学科"双一流"的高校，但是该校的法学研究生课程设置尚存在明显的问题，那么其他普通高校的法学研究生的课程设置可能存在更多的问题。因此，我国多数高校法学研究生

"多元"培养模式中的课程设置有待进行较大幅度的调整和创新。

（三）教学方法

教学方法与课程设置是相辅相成的。我国现行的法学研究生课程设置依然以理论课程为主，教学方法自然主要采用课堂教学方法。由于法学研究生教学主要采用小班教学，与法学本科生教学采用的大课堂讲授法不同，目前法学研究生教学常用的课堂教学方法是研讨式教学方法。传统的研讨式教学方法是教师给法学研究生布置专题，学生就指定的专题独立撰写报告，针对报告，教师与学生互动，对专题进行研讨。法学研究生通过撰写报告和与教师讨论，学习和研究相关专业领域的法律理论。这种研讨式教学法主要是为了训练学生的学术研究能力。但该教学法存在的最大问题是学生的参与度不够，尤其是在专题研究中，负责专题的学生能够深度参与，与老师保持良好的沟通和互动，但其他学生很难积极参与该主题的讨论和研究。[①]

法学研究生教学与法学本科教学相同的则是均引入了案例教学法，尤其是法律硕士研究生的教学更多地采用了实践式教学方法。从各高校公开的培养方案来看，在法律硕士的教学活动中，多数法学院系采用了仿真案例教学法、模拟法庭教学法和法律诊所教学法。但不可否认的是，案例教学法仍不是法学研究生教学活动中所采用的主要教学法，甚至在法律硕士研究生的课堂教学中有些教师仍沿用传统的理论课程的讲授法。因此，如何扭转长期以来各校在培养法学研究生过程中以训练学术能力的教学方法为重的局面，是调整法学研究生培养模式目标之后迫切需要解决的问题之一。

（四）考试制度

我国现行的法学研究生的考试制度分为平时课程考试制度和最后阶段的学位论文。与法学本科的课程考试制度相比，法学研究生的课程考试制度更灵活。法学研究生的理论课程考试可采用笔试、口试、闭卷、开卷、面试、论文、答辩等多种方式进行，考核合格即取得学分。口试一般由两

---

① 张卫平：《法学研究与教育方法论》，法律出版社 2017 年版，第 219－220 页。

名以上教师主持，有口试记录，并由主考老师和记录人共同签名。实践课程一般采用考查方式进行，由教师或实务培养部门写出评语及考查结果，通过则取得学分。总体而言，我国法学研究生的理论课程和实践课程考试制度比本科的考试制度相对宽松，鲜有考试不合格者，培养质量的控制底线在学位论文环节。

在相当长的时间里，法学研究生的学位论文主要以理论的原创性和创新性为标准。博士学位论文应在导师指导下，由博士研究生独立完成，撰写论文的时间不少于一年，应当紧密联系社会实际，并注重学术理论的创新研究，最后还要经历论文评审和答辩环节。博士学位论文以学术水平为第一衡量标准，这与博士研究生培养目标是一致的，确保其具有高层次的学术研究能力和创新能力。但是，法学硕士研究生和法律硕士研究生的学位论文是否也应以学术水平为首要标准，值得讨论。早在2006年，有研究报告提出应改革法律硕士学位论文，首先，法律硕士学位论文的选题需要反映现实生活中的真问题；其次，法律硕士学位论文的主要内容应为法律事务研究；最后，法律硕士学位论文的形式应当多样化，可以采用学术论文、案例分析、研究报告和专项调查等多种论文形式。[1] 2017年新修订的法律硕士研究生指导性培养方案反映了法学界力主的学位论文改革思路，两份培养方案均规定了法律硕士学位论文（不低于5学分）的具体要求：其一，选题应贯彻理论联系实际的原则；其二，论文内容应着眼实际问题、面向法律实务；其三，论文提倡采用案例分析、研究报告、专项调查等形式。那么，法学硕士研究生和法学博士研究生的学位论文是否也能突破传统学术论文的限制呢？第四章将作出回答。

综上所述，法学研究生考试制度重视对研究生的总结性评价，即学位论文的评价，却忽略了对学生的形成性评价，平时的理论课程和实践课程的考试制度过于宽松，不利于提高研究生的培养质量。法学研究生考试制度如何更好地平衡形成性评价和总结性评价，将是未来改革研究的方向。

---

[1]　霍宪丹、孙笑侠：《中国法律硕士教育研究——JM教育培养目标、要求、课程与论文改革研究报告》，载《清华法学》第9辑，2006年，第90页。

第三章 域外高等学校法科学生
培养模式改革经验之借鉴

第一节 德国高等学校法科学生培养模式改革经验之借鉴

一、德国改革前的高等学校法科学生培养模式

（一）德国高等法学教育概况

德国高等法学教育是大陆法系国家高等法学教育的典范。德国的高等法学教育源于 14 世纪。当时留学国外的德国法律学生陆续学成归国。为了能发展德国的法学教育和法律制度，他们觉得应在德国领域内筹设大学。1348 年，第一所德国大学在布拉格诞生。法学院是大学学院之一，开启了德国大学法律教育。之后，维也纳大学（1365 年）、海德堡大学（1368 年）和科隆大学（1388 年）均设立法学院讲授法律，教学的主要内容是罗马法的体系以及罗马法在古典时期是如何发展的。[①] 早期德国大学法学院中，法律课程的进修分为两个阶段，第一阶段称为学士阶段（Baccalaureus），第二阶段称为硕士阶段（Licentia）。硕士学位从入学至修完至少需 6 年，修完硕士学位可继续攻读博士学位。而课程设置上则模仿意大利的博洛尼亚大学，有讲授课、复习课与研讨课。[②] 由于早期德国大学法学院教授经常拒绝讲授不成体系的法律，德国法学教育逐渐形成了两阶段：法律人先在大学接受法律理论教育，再通过特殊培训获得法律实践

[①] 参见戴东雄：《中世纪意大利法学与德国的继受罗马法》，中国政法大学出版社 2003 年版，第 223–225 页。

[②] 吴香香：《德国法学教育借镜》，载《中国法学教育研究》2014 年第 2 辑，第 114 页。

知识。① 但是，早期的德国法学教育既没有一般标准，也没有相应的法律进行规范，尚未形成值得他国借鉴的法学教育制度。

18 世纪末，虽然德国当局开始设立了一些法学教育的一般标准，但是当时并不存在统一的德国，最重要的国家是普鲁士，真正对德国现代法学教育制度产生影响力的是普鲁士的立法。1781 年，普鲁士《腓特烈二世法典》对法学教育的目标进行了调整，即法学教育完全以培养学生具备法官职务的资格为目标，这一法学教育培养目标至今对德国仍有影响。1793 年，普鲁士修订了《腓特烈二世法典》，并且作为"普鲁士各邦国法院的一般规则"而生效。不过，此规则未赋予大学法律学习以重大意义，仅仅要求能证明大学生"勤奋和举止得当"即可。② 国家司法考试则具有重大意义，当时的学生需要经过三次国家司法考试才能进入司法界。普鲁士第一次国家司法考试称为"会诊考试"，考试由各邦司法委员会负责，以口试的方式进行。候选人通过这次考试后，将随同一位考试委员进行"听诊"实习，主要学习普鲁士的诉讼法，之后则要参加第二次国家司法考试，方可获得候补文官资格，再进行为期四年的法务见习。四年法务见习培训结束之后，见习生应报名参加"大国家司法考试"（第三次国家司法考试），通过者即可作为法官、检察官或律师执业。1869 年，普鲁士取消了第二次国家司法考试，至此，普鲁士的法学教育由三年的大学学习和四年的法务见习组成。简言之，19 世纪普鲁士已经建立了一个标准的法学教育体系。

1871 年德意志帝国建立之后，形成了统一的法学教育模式。完全法律人（volljurist）必须完成为期至少三年的大学学习。大学法学教育之后，可以参加第一次国家司法考试（Referndaexmen）。通过了第一次国家司法考试之后，应在法院、检察院和律师事务所进行为期四年的法务见习。四年的法务见习期结束之后，准法律工作者有资格参加第二次国家司法考试

---

① Stefan Korioth, Legal Education in Germany Today, *Wisconsin International Law Journal*, Vol. 24，2006，p. 87.

② ［德］沃尔夫冈·塞勒特著，谭娟娟译：《德国法学教育的优势和不足》，载南京大学—哥廷根大学中德法学研究所编：《中德法学论坛》（第 1 辑），南京大学出版社 2003 年版，第 60 - 80 页。

（Assessorexmamen）。通过了第二次国家司法考试之后，则可获得担任法官的职务资格，正式成为一名"完全法律人"。自1920年起，法务见习期缩短为三年。这种大学教育与实务教育相结合的"双阶型＋国家考试"法学教育模式保留至今，被学者称为现代德国法学教育制度最基本的特征。[①]后世的立法改革不过是对此模式进行小修正，仅调整了大学学习期限与法务见习期限。

自德意志帝国建立起统一的法学教育模式之后，呼吁法学教育改革的声音就出现了。"二战"之后，关于法律改革的讨论进入了白热化阶段，各界提出了一系列建议。这些建议的核心在于减少教学内容、变革大学的法学教育方法和调整国家司法考试。为了响应各界的改革建议，德国修正了《德国法官法》（以下简称《法官法》）（Deutsches Richtergesetz），规定各州可自由地进行实验性的"单阶型"法学教育模式，即将大学法学教育阶段和法务实习阶段两个阶段合二为一。然而，此项实验性改革被称为"豪华教育"，由于不适合大众教育的现实，最终失败了。1984年立法界对德国《法官法》重新进行修订，恢复了传统的"双阶型"法学教育模式。而回归传统法学教育模式仅两年之后，德国又掀起了新一轮的法学教育改革讨论。[②]"无论是联邦或州层面上的政治活动家和教育、行政部门，还是律师界和经济界等实务部门的代表人士，抑或是作为培养对象的广大大学生，一直热衷于改革法学教育制度的讨论，并提出了许许多多的建议和方案。"[③] 立法者采纳了部分建议和方案，1992年再次对《法官法》进行了修订。这次修法将法科学生基础学习的正常时间规定为四年，将法务见习时间从原来的两年半缩短为两年。[④] 进入21世纪之后，尽管各界对"双阶

---

① Jutta Brunnée, The Reform of Legal Education in Germany: The Never – Ending Story and European Integration. *Journal of Legal Education*, Vol. 42, 1992, p. 400.

② Horst – Diether Hensen & Wolfgang Kramer, *Welche Maβnahmen empfehlen sich – auch im Hinblick auf den Wettbewerb zwischen Juristen aus den EG – Staaten – zur Verkürzung und Straffung der Juristenausbildung?* . C. H. Beck, 1990, s21 – 22.

③ 邵建东：《德国法学教育最新改革的核心：强化素质和技能》，载《比较法研究》2004年第1期，第109页。

④ 邵建东：《德国"双轨制"法学教育制度及其对我们的启示》，载山东省法学会编：《法学教育：比较与省思》，中国档案出版社2002年版，第341－342页。

型＋国家考试"法学教育模式骂声不断,但在保留"双阶型＋国家考试"基本框架的前提下"改善"法学教育的现状逐渐成为共识。[1] 那么究竟如何在传统的法学教育模式下进行改革呢? 2003 年 7 月 1 日,德国法学教育史开启了新的篇章:《法学教育改革法》(Gesetz zur Reform der Juristenaus-bildung)正式生效。这意味着德国长达百年的马拉松式的法学教育改革历程暂时告一段落。今天德国的法学教育仍分为两个阶段:第一阶段由各个大学的法学院负责完成,它在学生成功地结束第一阶段的学习,即成功通过第一次国家考试后完成;第二阶段是大约为期两年的由国家统管的法律职业培训,在通过第二次国家考试后即可申请作为法官、检察官或者律师。[2] 下文将详细分析德国高等学校构建的法科学生培养模式。

(二) 德国改革前高等学校法科学生培养模式

1. 培养目标

德国作为一个法治国,法学教育培养目标的调整必然受法律法规的影响。从权限来看,调整德国法学教育的法律法规可分为三个层级:一是联邦层级的法律;二是州层级的法律;三是大学的规章。从法律领域来看,德国法学教育的法律主要包括两个领域:一个领域是教育法,另一个领域则是法律职业法。联邦层级的教育法,主要是德国《高等学校框架法》(Hochshulrahmengesetz);联邦层级的法律职业法,主要是前文所提的《法官法》。德国高等学校法科学生的培养目标应与德国教育法和法律职业法相一致。[3]

高等学校的法科学生的培养目标原则上应与高等学校的任务和教学目的一致。根据《高等学校框架法》第二条规定,高等学校的任务在于,通过研究、教授和研习,培植和发展科学、艺术,并为学生将来从事需要运

---

[1]　[德] Peter Gilles、[德] Nikolaj Fischer,张陈果译:《2003 年德国法学教育改革法——兼论德国新一轮法学教育改革论战》,载《司法改革论评》2007 年第 1 期,第 217 – 221 页。

[2]　杜晓明:《德国法学教育简介》,载《北航法律评论》2015 年第 1 辑,第 229 页。

[3]　田士永:《法治人才法治化培养的德国经验》,载《中国政法大学学报》2017 年第 4 期,第 117 – 118 页。

用科学知识和科学方法或艺术创造能力的职业做准备。[①] 该法第七条明确规定高等学校教育和学习应当为学生的职业能力做准备，传授对此必要的符合专业要求的专业的知识、能力和方法，使学生有能力从事科学的和技术的工作并且有能力在自由的、民主的和社会的法治国家负责任地行事。[②] 因此，从19世纪以来，德国高等学校的法学教育是以职业教育为导向，以培养能够胜任在所有法律领域工作的"统一法律人"（einheitsjuristen）为目标的。另外，根据《法官法》和《法院组织法》的规定，出任法官的受教育条件，是需要在一所大学研习法律专业，通过第一次国家司法考试，并修完法务见习期，最后通过第二次国家司法考试。检察官、律师以及高级公务员也需要具有与出任法官相同的受教育条件，并取得从事法官职务的资格证明。概言之，所谓"统一法律人"基本可以与"法官型法律人"画等号。[③] 因此，德国传统的高等学校法学教育是以养成"法官"为培养目标的。

2. 培养年限

根据德国《高等学校框架法》第十五条的规定，高等学校法科学生修业年限至少为4年。而各州在此基础上立法制定不同的标准期限。例如，萨尔州的法律规定高等学校法科学生参加各种教学活动的标准期限是3.5年，加上为期1年的第一次国家考试准备和参加考试时间，法科学生的修业年限为4.5年。在3.5年的标准期限内，法科学生至少要在校学习2年，并应当参加大学组织的所有与考试课程相关的教学活动，否则不能参加第一次国家考试。但由于学生在大学学习期间打工、考试未通过、结婚等原因，多数学生平均需要6年才能完成大学阶段的法学教育。[④]

3. 课程设置

德国高等学校法学专业的课程设置由各州教育行政部门管理和监督。

---

① 郑永流：《知行合一 经世致用——德国法学教育再述》，载《比较法研究》2007年第1期，第89页。

② 田士永：《法治人才法治化培养的德国经验》，载《中国政法大学学报》2017年第4期，第123页。

③ 吴香香：《德国法学教育借镜》，载《中国法学教育研究》2014年第2辑，第118页。

④ 郑永流：《学术自由、教授治校、职业忠诚——德国法学教育述要》，载《比较法研究》1997年第4期，第371页。

大学阶段旨在向法科学生提供法学理论基础，培养其发现和解决法律问题的能力。因此，这一阶段的课程多是比较抽象的法学理论课程。在各类课程中，必修课占的比例大，不仅包括民法、刑法、公法和诉讼法四大基础的部门法课程，而且包括了法学方法论、法哲学、欧洲法、历史学和社会科学基础的法学通识类课程。选修课占的比例则比较小，其目的主要在于补充和深化必修课的内容。①

德国大学法学院的课程类型主要有三种。第一种课程类型是讲授课（vorlesung），以体现化的内容为主，案例为辅。教授在讲授课中拥有较大的自由权。② 授课教授有权依据自己对所授科目的理解独立安排教学内容，对此学校无权进行统一规定。因此，法学的基本知识点是固定的，但教授们的教学重点和教学方法因人而异，有的教授注重学术传承，有的教授强调应试技巧。有些法学院还设有配合讲授课的集体辅导课，即初学者学习小组（arbeitsgemainshaften fuer erstsemester），分为民法、刑法和公法（指宪法和行政法）三种，由助教或博士生等主持，主要解决学习中的难点，并进行案例分析的训练。③ 第二种课程类型是练习课（übung），该课程也由教授主持。练习课最早由耶林引入，并在19世纪后半叶成为各大学法学院的必修课。④ 它通常与讲授课相配套，在该课中教授会结合自己在讲授课中所讲的内容，挑选出一些相应的案例进行讲解。学生听完教授的某门讲授课之后，期末时并不需要考试。练习课才是学生考试拿学分的课程。练习课的考试方式包括闭卷考试和家庭论文两种。一般而言，一门练习课要进行三次闭卷考试，通常考试的时间为三小时，考试的内容为案例分析。教授通常要求学生撰写两篇家庭论文，每篇的撰写时间为三周。学生通过一次闭卷考试和论文，即可取得练习课的学分。第三种类型的课程是研讨课（seminar）。研讨课同样与讲授课配套，最早由柯尼斯堡大学所创

① 邵建东：《德国法学教育制度及其对我们的启示》，载《法学论坛》2002年第1期，第99页。

② 德国法学院教授不是职称，而是大学所在州的公职人员，终身任用，有体面的收入和完备的社会保障。参见郑永流：《学术自由、教授治校、职业忠诚——德国法学教育述要》，载《比较法研究》1997年第4期，第376页。

③ 韩赤风：《当代德国法学教育及其启示》，载《比较法研究》2004年第1期，第116页。

④ 吴香香：《德国法学教育借镜》，载《中国法学教育研究》2014年第2辑，第134页。

立，主要面向高年级法科学生开设。① 在研讨课开始的前一学期，教授便会公布研讨课的名称和题目范围，供学生报名选择。有意愿参加的学生必须提前报名并确定选题。学生必须在假期中围绕题目查阅资料、撰写论文，并应当在规定的期限内将论文交给教授的教学秘书，供其他学生索取阅读。② 研讨课又分为两种：一种为每周一次；另一种为在学期结束前集中于一至两天内一次完成。在研讨课时，每一个学生必须就自己的论文作一个简短的口头报告。其他的参加者可在提前阅读该同学论文的前提下，于课堂中针对该论文向报告人提出问题并进行全体讨论。最后，教授会依据学生在研讨课上的表现和提交的论文进行综合评分。③

此外，根据《法官法》的相关规定，大学法科学生应当在假期进行不少于三个月的实践学习。法学教育的核心乃是使受教育人掌握法律，并进而将之应用于实践。德国高校课程设置的重点在案例教学与实践课程。法科学生从学习之初，便通过学习小组以及练习课逐渐学习并掌握将法律知识应用于具体的案例中的方法，逐步建立起在未来解决实践案例的思维框架，而这一思维框架的构建正是德国法学教育的精髓。④

4. 考试制度

德国高等学校的法科学生培养模式的独特之处在于考核学生最终是否合格的方式。该方式不是学生就读高校的教授命题的毕业考试，而是由该高校所在州的法官和高级行政官员主导的第一次国家考试，每年分春秋两季举行。各州一般在州司法行政机关内部设立州法律考试局，由职业法官和高级行政官员担任考试局主席和副主席，其他成员包括法官、检察官、律师、公证员、行政官员和大学教授等。第一次国家考试采用书面和口头两种形式。其中书面又分为当场闭卷考试和家庭论文两种，各州规定不一，有的州包括了两种书面考试，有的州则仅有当场笔试。笔试的内容通

---

① 高文琦：《波隆那宣言与德国法学教育及法律人职业》，载《法学新论》2009年第15期，第23—50页。
② 邵建东：《德国法学教育制度漫谈》，载《南京大学法律评论》1996年第2期，第182页。
③ 杜晓明：《德国法学教育简介》，载《北航法律评论》2015年第1辑，第229页。
④ 参见季红明、蒋毅、查云飞：《实践指向的法律人教育与案例分析——比较、反思、行动》，载《北航法律评论》2015年第1辑，第214—218页。

常涉及民法、商法、劳动法、刑法、行政法和诉讼法。笔试及格后，考生方可申请口试。口试的目的在于通过问答考查学生的理解能力、应变能力和口头表达能力。口试一般为不超过5人的考生同时考试，考官集中提问，考生分别作答，时间长达数小时。第一次国家考试的成绩，笔试约占70%，口试约占30%，综合分数达标的考生可获得州法律考试局颁发的第一次考试通过证书。当法学专业的学生顺利通过第一次考试，标志着德国大学阶段对该法科学生的培养正式结束了。[①]

二、德国高等学校法科学生培养模式改革经验借鉴[②]

（一）培养目标之多元化

改革前大学教育阶段的学生培养模式旨在培养法官，着眼于司法界。这种培养目标遭到了各界的质疑。早在1996年，德国律师界就对高等学校通才型法学教育表示了强烈不满，认为传统法官型培养模式忽视了培养学生法律咨询和法律服务等"律师型"的能力和素质。[③] 在欧洲一体化进程中，法律职业面临着日益扩大的细分化，对律师的需求日益增多，约80%的法科学生将从事律师工作，或在企业和其他组织从事法律工作。而德国联邦最高法院和州高等法院的法官职位一共只有500个左右。大约只有15%的成绩最优秀的毕业生才可以成为法官。毋庸置疑，德国传统法学教育的培养导向和现实存在的就业机会之间存在巨大差异。另外，律师或企业顾问的工作方式同法官不同，在多数情况下，他的任务是防止矛盾激化，尽可能地避免进入诉讼分出输赢，更好的选择是替代性纠纷解决方

---

① 郑永流：《国家法律者自国家考试出——德国职业法律者培养和选拔模式一瞥》，载《法律科学》（西北政法大学学报）2001年第5期，第20-21页。

② 下文是在笔者曾发表过的论文基础上修改完成的。参见邱雪梅：《法学本科学生培养模式现状、经验借鉴和改革路径研究》，载《黑龙江高教研究》2015年第6期，第135页。

③ ［德］Peter Gilles、［德］Nikolaj Fischer，张陈果译：《2003年德国法学教育改革法——兼论德国新一轮法学教育改革论战》，载《司法改革论评》2007年第1期，第200-201页。

法（ADR），包括调解、斡旋、和解和庭外调解等。① 传统的高等学校法科学生培养模式下，学生在大学阶段主要学习如何按照一个法官的思路去解决问题，作出对错之裁判，这种"单行线"的培养模式无法适应新的社会变化。因此，德国法学理论界和实务界均有观点力主改革传统单一的法官培养目标，实现培养目标的多元化。②

2006 年 7 月 1 日正式开始在各大学施行的《法学教育改革法》，虽然未对高校法科学生的培养目标作出明文规定，但是立法材料出现了一个新的概念，即"全方位工作能力的法律人"（allseits arbeitsfähiger Jurist）。这一新概念的提出表明德国法学教育的培养目标和要求发生了重大变化。高等学校法学院不再以培养法官作为唯一目标，而是旨在培养在任何一个法律职业领域都有能力开展法律工作的法律人。③ 不可否认的是，德国是大陆法系国家，法律制度是建立在适用制定法的基础之上，而不是建立在判例法基础之上，法官与律师的工作流程并不像在普通法系那样具有基础性的区别。④ 学术界的多数观点主张应以法官为基本目标培养法治人才。其一，"模拟法官的思维过程，这是法律人的基本能力"⑤。法官的工作是查明事实，适用法律。以法官为培养目标，实质上是一种高标准的要求，能够成为法官当然具备了从事其他法律职业的基本能力。其二，以法官为培养目标，在一定程度上可以避免以律师为培养目标而附带的法律工具主义的不足，对学生法律职业伦理的养成具有不可替代的作用。⑥ 因此，德国高等学校培养"全方位工作能力的法律人"仍是以应先培养法科学生具有

① ［德］彼得·吉勒斯，马云雪译：《德国法学教育新进展：大学法学必修课程之专业技能与替代性纠纷解决方法》，载彭海青、吕泽华、［德］彼得·吉勒斯编著：《德国司法危机与改革：中德司法改革比较与相互启示》，法律出版社 2018 年版，第 283 页。

② ［德］赫尔塔·多伊布勒－格梅林著，杨阳译：《德国法学教育的新动态——国际化、调解和斡旋》，载南京大学—哥廷根大学中德法学研究所编：《中德法学论坛》（第 2 辑），南京大学出版社 2004 年版，第 86 – 87 页。

③ 邵建东：《德国法学教育最新改革的核心：强化素质和技能》，载《比较法研究》2004 年第 1 期，第 110 页。

④ ［德］阿什特里德·斯达德勒尔，吴泽勇译：《德国法学院的法律诊所与案例教学》，载《法学》2013 年第 4 期，第 56 页。

⑤ 吴香香：《德国法学教育借镜》，载《中国法学教育研究》2014 年第 2 辑，第 120 页。

⑥ 田士永：《法治人才法治化培养的德国经验》，载《中国政法大学学报》2017 年第 4 期，第 117 – 118 页。

法官的工作能力为基本目标，再补充培养学生将来成为一名律师所应具有的谈判、辩论、调解、交往和团队合作等能力。换言之，德国高等学校法科学生的培养目标正从传统上单一的"法官职业导向"转向"法官与律师并重的职业导向"。[①] 同时，在"博洛尼亚进程"（Bologna Process）[②] 的推动下，德国各高校不仅开始调整学制（三年），更是对法科学生的培养模式中的培养阶段、课程体系、教学方法和考试制度进行了一系列改革，强化了对大学生法律职业素质和专业技能的培养。

（二）培养阶段之细化

改革之后，德国高等学校培养法科学生分为三个阶段：第一阶段为基础学习阶段（grundstudium）；第二阶段为主要学习阶段（hauptstudium）；第三阶段则为重点学习阶段（schwerpunkstudium）。[③]

高等学校第一学年（第一学期至第二学期）为法科学生的基础学习阶段。这个阶段的核心是学习民法、刑法和公法三大部门法和相关基础科目的基础知识。在此期间，除了学习民法、刑法及公法必修课程之外，学生还应当选修一门法律基础课程，如法哲学、法制史学、法社会学和法学方法论等。学生成功通过中期考试（zwishechenprüfung）则意味着基础学习阶段结束。因此，中期考试的主要目的在于考查学生是否适合进一步研习法学。德国高校中期考试的淘汰率相对较高，相当比例的学生会主动放弃或被迫放弃法学专业。

法科学生通过中期考试后则能进入主要学习阶段和重点学习阶段。主

---

① 张慰：《成为德国法官的教育之路——基于在德国联邦宪法法院的访学经历》，载《法学教育研究》2017 年第 1 期，第 287 页。

② "博洛尼亚进程"是欧洲国家之间一系列旨在确保高等教育资格的标准和质量具有可比性的部长级会议和协议。1999 年，欧洲 29 个国家的教育部长在意大利博洛尼亚大学签署了《博洛尼亚宣言》，共同创造一个欧洲高等教育区（European Higher Education Area），实行本科（至少 3 年）与研究生（2 年）两级培养体制，采用欧洲学分转换系统（ECTS），加强学生在欧洲范围内的流动性，确保欧洲高等教育的质量。目前共有 47 个参与国和 49 个签署国。"博洛尼亚进程"实质上是推进了欧洲一体化的高等教育模式，倡导大学培养的学生应当不仅仅具有相应的专业知识，而且具有未来职业所需要的能力与技巧，积极参与经济和社会活动的能力和技巧。Bob Reinalda & Ewa Kulesza. *The Bologna Process*：*Harmonizing Europe's Higher Education.* Barbara Budrich Publisher，2005，p. 8.

③ 杜晓明：《德国法学教育简介》，载《北航法律评论》2015 年第 1 辑，第 229 页。

要学习阶段（第三学期至第七学期）实质上是基础学习阶段的延伸。该阶段所学课程包括物权法、商法、行政法、民事诉讼法、刑事诉讼法和欧盟法等，这些课程是对基础学习阶段所获知识的补充与深化。在重点学习阶段（从第四学期直至第六学期），学生可以根据自己的实际情况与兴趣爱好选择自己的重点学习方向，例如公司、资本市场与税收方向或劳动与社会保障方向等，以便能获得专业领域的相应知识。高校的法学院通常在以下领域提供专业重点：①法律的历史与哲学基础；②民法与民事司法；③欧洲法与国际法；④贸易法与公司法；⑤劳动法与社会福利法；⑥犯罪学；⑦公共财政制度和税法；⑧规划法、经济行政法与环境法。[①] 值得注意的是，重点学习阶段学生还应当选修一门以外语为授课语言的法律课程或参加专门的法律外语课。除此之外，在整个大学学习期间，必须参加三个月的实习。实习在大学假期中分为两次完成，其中六周在法律专业部门如律师事务所进行，另外六周在行政部门完成。[②]

（三）课程内容和体系之律师化

各高校旧的法科学生培养模式以培养法官为唯一目标，在课程安排上偏重司法，而未重视律师或公司法务等职业的要求。旧的课程体系已经不合时宜，新的课程体系体现了律师化倾向（rechtsanwaltsorientierung）。[③] 另外，因"博洛尼亚进程"、欧洲一体化和全球化的影响，高校课程体系中增设了非法律专业课程、比较法、欧盟法和国际法等课程。[④] 笔者选取了德国弗莱堡大学法学院的课程设置作为分析对象。[⑤] 弗莱堡大学法学院最

---

① ［德］来汉瑞著，陈颖译：《以应用型人才培养为导向的德国法学教育——关于加大应用科学大学参与度的倡议》，载《应用型高等教育研究》2017年第4期，第72页。

② 夏昊晗：《作为一种范式的德国法学教育——基于文本的分析和个人的体验》，载《高等教育评论》2016年第1期，第39页。

③ 秦天宝、扶怡：《德国法学教育的新发展及对我国的启示》，载《江苏大学学报》（社会科学版）2014年第5期，第65页。

④ Bram Akkermanmans, Challenges in Legal Education and the Development of a New European Private Law. *German Law Journal*, Vol. 10, 2009, p. 804.

⑤ 德国弗莱堡大学的课程设置具有典型性。参见费安玲等：《中国法学专业本科课程体系设计改革研究》，中国政法大学出版社2016年版，第154－156页。

新修订的课程体系分为必修课程和专业重点领域考试课程两个模块。① 必修课程模块是涵盖了八个学期的所有必修课程。而专业重点考试课程模块则是从第四学期开始的，弗莱堡大学法学共提供了十个重点方向供学生选择。这十个方向为：法律史与比较法，司法和律师的民法判决，刑法的社会控制，贸易和经济，劳动和社会保障，欧洲和国际私法—经济法，德国、欧洲和国际公法，媒体和信息法，知识产权，法律哲学与理论基础。由于专业重点考试课程模块实质上是必修课程的具体化。下文主要讨论必修课程模块的设计。

第一学期（冬季学期）的必修课程分成四个部分。第一部分是法学基础课程，包括欧洲和德国史（3 学分）、现代宪法史（3 学分）、法律史和国家哲学史（2 学分）、法律和宗教在历史、哲学和学术的联系（2 学分）。第二部分是关键技能课程，包括仲裁和谈判（研讨课，2 学分）和重要资格中心提供的实践课程（2 学分）。第三部分是法律外语课程，包括法律英语Ⅰ（2 学分）、法律法语Ⅰ（2 学分）或其他国家法律语言课程（根据法学院的通知）。第四部分是法学专业必修课程，包括私法Ⅰ（6 学分）、刑法Ⅰ（6 学分）和公法Ⅰ（4 学分）。

第二学期（夏季学期）的必修课程也分成四个部分，实质上是第一学期课程的延续。第一部分法学基础课程，包括法学方法导论（2 学分）、国家和宪法理论（2 学分）。第二部分关键技能课程，仍是仲裁和谈判（2 学分）和重要资格中心提供的实践课程（2 学分）。第三部分是法律外语课程，包括法律英语Ⅱ（2 学分）和法律法语Ⅱ（2 学分）。第四部分是法学专业必修课程，包括私法Ⅱ（8 学分）、刑法Ⅱ（8 学分）和公法Ⅱ（10 学分）。

第三学期（冬季学期）开始，必修课程中没有了关键技能课程和法律外语课程，简化为两个部分。第一部分是法学基础课程，包括法社会学（2 学分）和罗马法史（3 学分）。第二部分则是法学专业必修课程，包括

---

① 德国弗莱堡大学法学院目前提供给学生的课程是按照 2016 年 7 月 15 日颁布的课程计划设置。http：//www. jura. uni－freiburg. de/de/einrichtungen/studienfachberatung/downloads/studienplan－stand－15－07. 2016/view。

私法Ⅲ（13学分）、刑法Ⅲ（3学分）和公法Ⅲ（8学分）。

第四学期（夏季学期）进入了重点学习阶段，必修课程分为了三个部分。第一部分仍是法学基础课程，仅开设了一门课程，即比较法Ⅰ（2学分）。第二部分为法学专业必修课程，包括私法Ⅳ（11学分）、刑法（高级阶段练习课，2学分）和公法Ⅳ（10学分）。第三部分是重点领域专业考试课程（共有十个方向），学生自行选择其中一个方向进行学习。

第五学期（冬季学期）和第六学期（夏季学期）的必修课程没有了法学基础课程，分为了法学专业必修课程和重点领域专业考试课程两个部分。法学专业必修课程也只包括了私法（10学分）和公法（10学分）。

第七学期（冬季学期）开始，重点领域专业考试课程结束了，仅剩下法学专业必修课程。

第七学期和第八学期（夏季学期）的法学专业必修课程为私法、刑法和公法的高级学习阶段，主要是复习初级、中级阶段的知识点和分析司法实践中的判决。

对于学生而言，各大学最基本的教学形式是讲授课，学生总是被动接受教授所传授的知识，因此这种教学方法被批评为"填鸭式"的教学。围绕培养学生多方位法律能力的目标，各大学法学院纷纷着手将被动的课堂变为互动式的课堂，调动学生学习的自主性和积极性，促进其提高语言表达能力、沟通能力和合作能力。最引人注意的变化是，法律实务课程直接引入执业律师授课。法科学生在大学学习阶段便可以跟随律师一起了解法律实务工作。律师在课程中引导学生们独立调查案件事实，确定其中的法律问题，并进行法律分析和推理。学生们在法律实务课程中还要学习作为律师如何与客户进行沟通、交流，将复杂的法律问题向客户解释清楚，并提供优化的法律解决方案。[①] 同时，不少德国高校法学院借鉴美国的法律诊所教学方法，将律师思维和律师技能融入案例教学之中。[②]

---

① 李婧嵘：《德国法学教育改革发展的经验与借鉴》，载《法学教育研究》2018年第3期，第254页。

② Andreas Bücker & William A. Woodruff, The Bologna Process and German Legal Education：Developing Professional Competence through Clinical Experience. *German Law Journal*, Vol. 9, 2008, p. 580.

（四）考试制度之修正

为了克服原有体制中大学只管教育不管考试的弊端，修正后的《法官法》将原来的第一次国家考试分解为大学的"重点领域考试"（Schwerpunktbereichsprüfung）和国家的"必修课考试"（Pflichtfachprüfung）两个部分。法科学生结束大学阶段的学习后，首先应当参加由各大学自行组织的专业重点领域的考试，成绩占总成绩的30%。重点领域考试不是集中进行的，而是在平时的教学活动中开展的。《法官法》规定专业重点领域的考试，应至少提交一篇书面论文。各大学法学院会根据自身情况制定重点领域考试规则。例如，哥廷根大学法学院的专业重点领域考试要求提交一份研讨课作业与一次学习作业，两次作业均可以是案例分析或专题论文。此外，还应就两次书面作业分别作口头报告并通过口试。书面作业成绩占比为三分之二，口试成绩占比为三分之一。[①] 学生通过重点领域考试后即可报名参加由国家组织举行的必修课考试，成绩占70%。必修课国家考试由笔试和口试组成。笔试有6场考试，分别为3场民法考试、2场公法考试、1场刑法考试。考生笔试成绩至少有4门达到4分，且6门平均成绩不低于3.5分，才有资格参加口试。口试有两个环节：第一个环节是口头报告，第二环节是口试提问。国家考试的最后成绩中笔试成绩占比60%、口头报告占比10%和口试提问占比30%。德国的必修科目国家考试可称得上是世界上最难的考试之一，仅有约15%的学生能够获得较为理想的分数。[②]

改革将大学的教育直接与学生的考试成绩相联系，有利于调动高校法学院的教学积极性，强化其对学生的责任意识。[③] 无论是大学基础学习阶段的中期考试，还是决定命运的两次国家司法考试，均以案例的形式出现。中期考试的案例通常是经过微剪裁的案情概要，篇幅为两三页A4纸。

---

① 吴香香：《德国法学教育借镜》，载《中国法学教育研究》2014年第2辑，第124页。

② 夏昊晗：《作为一种范式的德国法学教育——基于文本的分析和个人的体验》，载《高等教育评论》2016年第1期，第40–41页。

③ 邵建东：《德国法学教育最新改革的核心：强化素质和技能》，载《比较法研究》2004年第1期，第111页。

每一小段，甚至每一句话都对应一个知识点，系统考查学生掌握请求权基础的能力。① 而国家司法考试的案例经常是根据德国法院审理的真实案例设计的。考生们必须在 5 个小时内运用所学的法律知识，像一名真正的律师或者法官那样，针对复杂的案例给出有理有据的法律意见。② 国家司法考试的案例分析，有着严格的方法与形式，一般被称作"鉴定式"（gutachtenstil）案例分析方法或模式。③ 鉴定式案例分析方法的一般化表达形式为：第一步，案例分析首先明确导致法律后果的构成要件（tatbestand）是什么，然后再从法律中找出规定该法律后果的具体法律规范。第二步，需要确定在具体案例事实（sachverhalt）中是否存在法律规范所规定的抽象的构成要件。在此过程中，案例分析者应当列举每一个构成要件并对其进行定义，然后再将案件事实归入该定义之中。这个过程意味着，案件事实将与法律规定的构成要件进行对比，据此分析者可以作出判断，案件事实是否属于法律所规定的构成要件。这个步骤又称为"涵摄"（subsumtion）。第三步，得出结论。案例分析者在涵摄之后得出最后结论，即当事人是否可以根据请求权基础向对方主张诉求。④ 为了获得好的分数，考生们针对案例中的法律问题必须能从正反两个方面论述各种可能，并要求列举相关的重要的法官判例与理论争议，其中择一，有理有据地解决法律问题。⑤ 德国这种司法考试制度和方式，一方面促使学校非常重视培养学生的法律适用能力，另一方面也促进了法律人形成比较一致的法律思维模式。⑥

① 张陈果：《德国法学教育的特色与新动向》，载《人民法治》2018 年第 18 期，第 30 页。

② ［德］阿什特里德·斯达德勒尔，吴泽勇译：《德国法学院的法律诊所与案例教学》，载《法学》2013 年第 4 期，第 56 页。

③ 夏昊晗：《鉴定式案例研习：德国法学教育皇冠上的明珠》，载《人民法治》2018 年第 18 期，第 33 页。

④ ［德］罗兰德·史梅尔著，胡苗苗译：《如何解答法律题：解题三段论、正确的表达和格式》，北京大学出版社 2019 年版，第 17 页。

⑤ 杜晓明：《德国法学教育简介》，载《北航法律评论》2015 年第 1 辑，第232 页。

⑥ 参见季红明、蒋毅、查云飞：《实践指向的法律人教育与案例分析——比较、反思、行动》，载《北航法律评论》2015 年第 1 辑，第 217 页。

（五）改革经验之启示

近十几年来，德国高等学校主要针对法科学生培养目标、培养阶段、课程体系、教学方法和考试制度进行了改革。从前文的分析，我们可以发现德国的改革实质上是对其传统法科学生培养模式的小幅度修正。为什么20世纪80年代以来历经数次激烈的法学教育改革争论之后，德国最终还是选择了这种微调式的改革呢？正如德国教授彼得·吉勒斯所说："德国的法律人在全世界的范围内都享有良好的声誉。尤其在这个全球化的时代，你们可能注意到了，在很多国家组织和欧盟机构中，德国的法律人经常占据了主导性的位置，他们的工作能力确实很强。所以在新的法教育案和模式被提上议程的时候，我也想提醒一下，德国的旧模式也还是有自身的优势的——教学质量和长期的专业训练保证了毕业生的高素质。"① 因此，德国的法学教育改革必须保留高等学校传统法科学生培养模式的优势。

德国高等学校传统法科学生培养模式的优势有哪些呢？其一，高等学校以培养法官为培养目标的教育是一种高要求的法律职业教育。如果用KAQ培养模式概念来分析，德国高校走的是一条以法官的知识、能力和素质为标准培养法科学生的道路。法官是社会正义的化身，要实现通过司法裁判定分止争的目标，不仅要求法官要具有丰富的知识和高超的法律技能，而且还要求法官应是道德高尚、通晓人情事理的法律人。因此，以法官为法科学生的培养目标是相当高的要求。其二，高等学校法学理论课程采取"讲授课＋练习课"配套课程体系，重在培养法科学生法律思维和法律适用能力。正如著名民法学者王泽鉴先生在高校巡回讲座中多次强调的一样，法律是思维的训练而非单纯的记忆。具体而言，学习法律是通过一些重要问题的训练，养成一种法律思考的方法和思考的模式。② 德国高校特别重视理论课程的配套练习课，不仅在班级形式上采取小班制，而且配

---

① 刘毅、张陈果：《德国法学教育访谈》，载《社会科学论坛》2007年第3期，第102页。
② 王泽鉴：《法律人的学习依赖于训练而非记忆》，http://www.360doc.com/content/17/0425/17/26988834_648573407.shtml。

备了较强的师资力量。学生在练习课上能够通过大量的案例分析得到充分的思维训练，培养了其较强的法律适用能力。基于练习课所产生的教学效果之优秀，无怪乎我国曾留学德国的学者将练习课上采用的"鉴定式案例分析方法"誉为"德国法学教育上的皇冠"。①

德国大学法学院这十几年的改革又有哪些方面的经验值得我国借鉴学习呢？首先，培养目标的多元化。德国传统高等法学教育将法官作为培养法科学生的唯一目标是存在不足的。法官是以诉讼活动为中心的，其知识和能力主要体现为诉讼型的知识结构和法律技能。而现代社会非诉讼法律问题越来越多，法律人需要掌握非诉型的法律知识、能力和素质。因此，以培养法官为核心目标，另增加培养律师的非诉型知识、技能和素质为次要目标，这是符合现代社会对法律人多元知识、能力和素质的要求的。其次，传统课程体系添加涵盖培养律师的知识、能力和素质课程。这是根据调整后的培养目标进行的课程设置。课程设置是法科学生培养模式中的基础环节，如果课程体系不随培养目标做相应的调整，补充新的以律师职业为导向的理论和实践课程，那么最终是难以实现培养目标的。最后，大学考试与国家司法考试相衔接。德国高校法学教育长期与国家司法考试相脱节，产生了学生在课外疯狂参加考试辅导机构的怪现象。这与我国实施司法考试之后，大学本科多数高年级学生都在校外进行司法考试辅导之局面几乎完全一样。而改变这种怪象的最有力的途径就是将高校的法学教育与国家司法考试衔接起来，不仅只是教学内容与考试内容的联系，更是将大学的考试制度直接纳入到国家司法考试制度之中，很好地完成了高等法学教育与法律职业资格考试的融合。此举颇具参考价值，是完善我国高校法学本科学生"多元"KAQ培养模式的一种可选择的途径。

---

① 夏昊晗：《鉴定式案例研习：德国法学教育皇冠上的明珠》，载《人民法治》2018年第18期，第32页。

第二节　法国高等学校法科学生培养模式改革经验之借鉴

一、法国改革前高等学校法科学生培养模式

（一）法国高等法学教育概况

法国高等法学教育是大陆法系国家高等法学教育的另一典范。与德国法学教育有相似之处，现代法国的法学教育分为两个阶段：第一阶段是高等学校的法学教育；第二阶段是专门机构的法律实务教育。如果法科毕业生要成为法官和检察官，那么必须在法国司法部所属的国家法官学院接受2年实务教育；如果法科毕业生要成为律师，那么必须在律师进修机构或设在大学的司法研修所进行为期1年的培训。法国有着独特的"大学"（universités）加"大学校"（grandes écoles）双轨制高等教育体系。其中大学是开放型的高等教育机构，大学校则相对封闭，是专门培养精英的高等教育机构。我们主要分析法国大学"法律教育研究单位"（法律UFR）的法学教育。[①]

在2002年法国高等教育改革之前，法国大学"法律教育研究单位"的法学教育分为法学学士学程和博士学程。法学学士学程第一阶段为期两年，这段学程的科目全部是必修课程。学生完成第一阶段的学习，可以获得大学普通学习文凭（DEUG）。法学学士学程第二阶段为期也是两年。在此阶段，学生必须决定学习私法、公法或政治学。学生可经过一年的学习获得法学本科文凭，或者经过两年的学习获得硕士文凭。博士学程是一种研究型培养阶段，该学程通常需要4至5年。这一阶段力求使学生经过细化的法学学习，通过考试和博士论文答辩，最终获得博士学位（Doctorat d'Etat）。[②] 1999年的"博洛尼亚宣言"，表明至2010年时欧洲应建立一个相类似学历的高等教育区域，即在大学学习三年即可取得学士学位，再继

---

① 1984年开始法国大学法学院或者法国高等学院在行政上统一称为"法律教育研究单位"。王蔚：《法国法学教育论纲》，载《中国法学教育研究》2017年第2辑，第107页。

② ［法］勒内·达维著，百甫译：《法国法学教育》，载《环球法律评论》1983年第3期，第78－79页。

续学习两年即可取得硕士学位。"博洛尼亚宣言"对于法国的高等学校法学教育改革来说是崭新的一页。2002 年法国政府颁布政令：按照"博洛尼亚宣言"的要求，法国高等教育采用欧洲本科、硕士研究生、博士研究生三个层次的标准化模式，分别对应 3 年、5 年和 8 年的累积修业年限。截至 2006 年，法国公立大学基本采用了欧洲标准化模式。① 在新的模式下，高等学校法科学生的培养模式也进行了相应的改革。

（二）法国改革前高等学校法科学生培养模式

1. 培养目标

与德国高等学校传统法科学生的培养目标单一不同，法国传统高等学校法科学生的培养目标是分阶段和多元化的。大学的法学教育第一阶段的培养目标是培养通识型人才，以确保希望完成第一阶段学习即选择就业的学生能获得较广择业领域所需的知识、能力和素质。在法学教育第一阶段，高校旨在教授法科学生基础学科知识，使其掌握一定的治学方法和文献检索的方法，培养其对法学学科的敏感性，为法学教育第二阶段奠定基础。大学法学教育的第二阶段的培养目标是培养"应用型 + 学术型"法律人才。这一阶段高校一方面通过组织程度不同的通识教育和专业教育，将学生培养成适应各种法律职业的应用型法律人才，另一方面则逐步培养学生的科研能力与学术实力，引导他们从事相应的研究工作。大学法学教育的第三阶段的培养目标则是培养"法学家"。高校通过研究型培养方式使学生掌握从事法学研究与教学所需的一整套方法，以保证学生能够独立完成具有一定创新性的科研工作。②

2. 课程设置

法国高等学校"法律教育研究单位"对课程设置享有自主权。高等法学教育课程体系是按照不同阶段不同培养目标设置的。改革前第一阶段的课程全部是必修课，以通识类课程为主，而专业课程也偏向通识教育和专

---

① 王蔚：《法国法学教育论纲》，载《中国法学教育研究》2017 年第 2 辑，第 107 页。
② 张莉：《道器一体、学以致用——法国法学高等教育模式研究》，载《中国法学教育研究》2010 年第 1 辑，第 37 – 38 页。

业教育相结合。我们以法国的巴黎第一大学课程设置为例，如由勒内·达维教授论文整理得到的表3-1所示：①

表3-1　巴黎第一大学法学第一阶段课程设置

学年	必修通识课程	必修专业课程
第一学年	社会和社会制度史、经济学、国际机构、财政制度	法律制度和民法（人法、亲属法）、宪法和政治制度
第二学年	社会和社会制度史、经济学	民法（债法、物权法）、行政法、劳动法、刑法和犯罪学

第二阶段法科学生应根据自身情况选择学习私法或是公法和政治学，第二阶段必修课程相应地也分为了两个模块，一个是私法模块，另一个则是公法和政治学模块。除了必修课程之外，学生还可以选读其他课程，不妨称之为选修课程。表3-2仍是根据勒内·达维教授的论文进行整理的巴黎第一大学法学第二阶段课程体系。

表3-2　巴黎第一大学法学第二阶段课程设置

学年	私法组必修课程	公法和政治学组必修课程	选修课程
第三学年	民法（合同法、保证、土地登记）、商法（商行为、商业、合伙、股份公司）、罗马法和大革命前法国法（债法）、民事诉讼程序、刑事诉讼程序、刑法、罗马法和大革命前法国法（财产法）、经济波动	商法（商行为、商业、合伙、股份公司）、社会保险、民事诉讼程序、刑事诉讼程序、高级国际公法课程、税法、政治思想史、经济波动	海商法、判决的执行、文学艺术和工业财产、登记、比较民法、保险法、特别刑法、陆空运输、欧洲组

---

① ［法］勒内·达维著，百甫译：《法国法学教育》，载《环球法律评论》1983年第3期，第78-79页。

（续上表）

学年	私法组必修课程	公法和政治学组必修课程	选修课程
第四学年	民法（婚姻财产法、继承、赠与、遗嘱）、商法（合同法、商业票据法、破产法）、罗马法和大革命前法国法（婚姻财产法、继承、赠与、遗嘱）、国际私法	主要的国家公用事业和企业、法国海外领地法、民权、国际私法、货币和银行	织、当代政治重大问题、伊斯兰法、各种经济学课程

第三阶段法科学生需要选择学习方向，例如私法、商法、刑法、宪法和政治学、行政法、劳动法、罗马法、法制史、国际法和比较法等方向。无论选择哪种方向，学生都必须学习四门课程。

法国大学法学教育传统课程类型主要是讲座课（cours magistraux）和辅导课（travaux dirigés）。讲座课与德国的讲授课基本一样，以教师讲授为主。教授通常在阶梯教室遵循法典的体系向数百名学生讲授概念、原理和理论，其间会穿插法国最高法院及高级法院的经典判例和最新判例。在大阶梯教室授课，教授难以与数百名学生进行互动和讨论，多采取满堂灌的方式讲授法学理论和案例。大部分的讲座课都配套了小班制的辅导课。任课教师主要为年轻教师和低年级的博士生。此种课程设置也与德国的"讲授课+练习课"形式相似，但辅导课的学习方式和内容与德国的练习课完全不同。法国的辅导课主要采用小组（约20人）讨论的方式共同研习如何阅读法院的判决、分析案例和起草法律文件，授课老师还会讲授如何运用不同的法律技术分析案例和撰写法律文书。多数学生通过这种个性化的辅导课，能够掌握案例分析的方法及法律文书的写作技巧。[1]

3. 考试制度

与德国考试制度国家化不同，法国大学"法律教育研究单位"可以自主命题和组织考试，决定法科学生是否取得相应的学位。根据法国《教育

---

① 朱明哲：《全球化背景下的法国法学教育——体系化追求及其面临的挑战》，载《中国法学教育研究》2017年第2辑，第171－173页。

法典》的规定，大学至少应当在新学年开始后的一个月内指定并公布各学位、各专业考核评分规则。规则包括考试科目、考试方式、考试时间和地点等内容，一经公布不得再行修改。"法律教育研究单位"各门课程通常采用平时考核与期末考试相结合的评分方法。平时考核包含了学生的出勤率和学习勤奋程度，主要采用课后作业、随堂考试和口述报告等考查方式。期末考试可以采取笔试或口试，及格分数为 10 分，满分为 20 分。①

二、法国高等学校法科学生培养模式改革经验借鉴

（一）培养目标之细化

改革后的法国高等法学教育本科学制为三年，法科学生的培养目标得到进一步的细化。大学第一年的法学本科重在通识教育，学生不仅学习私法和公法的基础知识，而且要掌握法学及其他方向的大学学习方法。第二年的法学本科培养目标转为培养法律人。法科学生开始更专注于法学专业的学习，将学习更多更精深的法学理论。此外，学生还要提高外语水平和形成自己学习法律的方法。在法学本科的最后一年，教师需要引导学生选择一个细化的专业方向。一般包括普通法学、公法、私法、国家法与欧洲法四个专业方向。要获得法学学士学位，学生在通识的知识和能力方面，需要了解和理解法国政治体制的历史和发展、欧盟和国际组织机构，掌握逻辑分析方法、运用信息和交流技能，用母语和一门外语进行书面和口头表达；在法学专业知识和能力方面，需要理解适用不同法律部门的基本规定和不同层级的法律规范，阅读和分析国内和国际判例，运用掌握的理论知识进行法律层面的评判，对现实中法律方面的问题提出解决方案。② 在硕士阶段，法国将硕士的培养目标分为两个方向：一个方向是培养直接就业的职业硕士（master professionnel）；另一个方向是培养为博士作准备的研究型硕士（master recherche）。博士阶段则以培养"法学家"为目标。

---

① 张莉：《道器一体、学以致用——法国法学高等教育模式研究》，载《中国法学教育研究》2010 年第 1 辑，第 37 - 38 页。

② 王蔚：《法国法学教育论纲》，载《中国法学教育研究》2017 年第 2 辑，第 107 页。

概而言之，法国高等学校培养学生的目标已经细化至每一个培养阶段，甚至本科的每一学年。

（二）课程体系之优化

随着法科本科和硕士学制的变化，复合型人才目标的提出和跨学科法学教育的兴起，法国"法律教育研究单位"在课程体系设计上力图将通识教育和专业教育巧妙地结合起来。虽然硕士课程体系有所变化，[①] 但课程体系的改革主要体现在法学本科的课程设置上。因此，下文以法国改革后的法学本科课程体系为分析蓝本。根据目前的法学本科学制，法国大学前两学年的课程基本上属于通识教育加专业教育，最后一个学年学生则根据个人喜好选择专业课程，以便于学生规划未来职业的发展道路。以巴黎第一大学改革后的法学本科课程体系为例，前两个学年不区分专业方向，学生所学课程相同。如表 3-3 所示:[②]

表 3-3　巴黎第一大学改革后法学本科前两年课程体系

学年	学期	通识必修课程	通识选修课程	专业必修课程	专业选修课程
第一学年	第一学期	政治史、外语	经济学、经济史（二选一）	法学导论、宪法、法制史导论、法学方法论	无
	第二学期	政治社会学	国际关系史	家庭法、第五共和国宪法、欧洲法导论、诉讼与法院制度	国际关系与国际法导论、古代法制史

---

① 法国的硕士课程区分为理论型硕士课程与实践型硕士课程，学生可以根据自己的兴趣灵活选择课程类型。参见袁震:《对法国法学教育的观察与思考》，载《法学教育研究》2015 年第 2 期，第 194-195 页。

② 参见费安玲等:《中国法学专业本科课程体系设计改革研究》，中国政法大学出版社 2016 年版，第 149-151 页。

（续上表）

学年	学期	通识必修课程	通识选修课程	专业必修课程	专业选修课程
第二学年	第一学期	无	政治思想史	债法Ⅰ（合同）、行政法Ⅰ、财政法、刑法总论、财产法	中世纪法制史
	第二学期	外语	比较政治体制、会计学、货币与金融问题	债法Ⅱ（侵权）、行政法Ⅱ、商法	刑事诉讼法、税法、人法与家庭法史

在第三个学年，学生根据自身情况选择法学专业的学习方向。巴黎第一大学提供了普通法学、公法、私法、国际法与欧洲法四个方向，不同方向的具体课程详见表3-4：

表3-4 巴黎第一大学改革后法学本科第三年课程体系

学年	学期	专业	必修课	选修课
第三学年	第一学期	普通法	外语、公司法Ⅰ、个体劳动关系法、债法具体制度、行政财产法、国际公法Ⅰ	债法史、比较法导论、法哲学（三选一）
		公法	外语、行政财产法、公共商法、公司法Ⅰ、个体劳动关系法、国际公法Ⅰ	债法具体制度、比较法导论（二选一）
		私法	外语、债法具体制度、公司法Ⅰ、个体劳动关系法	国际法与欧盟经济法、比较法导论（二选一）；行政财产法、公共商法、债法史、劳动社会学、法哲学（五选一）

（续上表）

学年	学期	专业	必修课	选修课
第三学年	第一学期	国际法与欧洲法	外语、国际公法Ⅰ、比较法导论、国际商法、个体劳动关系法、公司法Ⅰ、债法具体制度	无
	第二学期	普通法	基本自由法、欧洲法、集体劳动、担保法	私法程序法、行政诉讼法、行政组织法史、商法史、劳动法史（五选一）；公司法Ⅱ、国际公法Ⅱ（二选一）
		公法	行政诉讼法、基本自由法、集体劳动关系法、公司法Ⅱ	欧洲法、担保法、行政组织法史（三选一）；国际公法Ⅱ、私法程序法（二选一）
		私法	担保法、公司法Ⅱ、集体劳动关系法、基本自由法、私法程序法	基本自由法、欧洲法、行政诉讼法、商法史、劳动法史（五选一）
		国际法与欧洲法	欧洲法、国际公法Ⅱ、私法程序法、行政诉讼法、基本自由法	公司法Ⅱ、担保法（二选一）

（三）教学内容之实践导向

近十几年来，法国高等法学教育表现出了较强的实践导向。首先，在教师的组成结构方面更加实务化。大学聘请的任课教师不再局限于学术型教师，而是拓展至律师、企业工作人员乃至政府部门工作人员等法律实务工作人员。部分实务性强的专业课程选定的主讲教师为注册律师或者在公司、政府部门任职的人员。其次，学术型教师在主讲课程的教学过程中也会邀请校外法律实务专家参与教学。例如，在国际银行法的教学过程中，主讲教师会邀请法国巴黎银行负责融资的实务专家专题讲解融资租赁和跨国金融实务的操作问题。又如，在与讲座课配套的辅导课的教学过程中，聘请校外的律师、公证员和法官等指导学生分析具体案例，具有实务经验的法律工作者能更好地指导学生们分析具体案例，构建法律思维和掌握法律适用的能力。最后，在部分课程的教学内容中直接安排一系列的实践性活动。例如，在法学方法论的课程中，直接带学生实地参观法国的立法机构、行政机构和司法机构，令学生直观地感受立法过程和司法运作过程。有些课程甚至采取理论教学与工作实习同时进行的教学方式。[①]

（四）改革经验之启示

自 2002 年以来，法国高等学校法科学生培养模式的改革与德国式的改革类似，两国均在传统培养模式上进行小规模的更新。为什么法国大学也要基本保留传统法科学生培养模式呢？原因主要在于传统培养模式充分体现了法国爱好自由与浪漫、充满浓厚人文主义色彩的民族特质。德国的高等法学教育是一种非常纯粹的法学教育，从前文对其课程设置的分析可知，德国的法科学生自入学伊始即开始高强度的法学专业课程学习。而法国的高等法学教育则走了一条更具有人文主义精神的道路。在法国传统的法科学生培养模式下，学生在大学基础阶段必须同时兼顾通识课程和法学专业课程的学习。这种模式鼓励法科学生拓展知识结构，培养人文素养，以构筑学生广泛的知识背景和更为深厚的法学基础。法律自古就不是一个孤立的社会制度，它是与政治和经济制度紧密交织在一起的。因此法学同样也与哲学、政治学、经济学等其他学科密不可分。在此背景下，崇尚人文主义传统的法国不仅重视传授学生的法学专业知识和能力，而且注重开阔学生的学习视野和塑造学生的人文精神。

[①]　袁震：《对法国法学教育的观察与思考》，载《法学教育研究》2015 年第 2 期，第191 页。

　　法国高等学校法学院这十七年来的改革有哪些方面的经验值得我国借鉴学习？其一，培养目标以"学生"为本。法国高等法学教育的总体目标是"使学生掌握法律学科的基础知识，获得概括的、坚实的和多样化的法律文化基础，熟悉法律学科的学习方法，同时提高外语水平、计算机技术以及交流能力"①。为了实现这一教育目标，法国大学根据新的学制将之阶段化和细分化。因此，与德国法科学生培养目标以职业为导向的多元化不同，法国大学法科学生的培养目标是与学生发展方向相一致的，相对尊重学生的自由意志，较充分地考虑学生成长的多种可能性。其二，在优化后的课程体系中，法学知识与其他学科知识兼容并蓄。改革后的课程体系中非法学学科或交叉学科的课程占有较大比例。这源于法国大学法学教授们日益达成一种共识：法学教育有必要向其他学科的知识开放。换言之，法学课程体系应增加其他学科的课程。法国当代法学家德尔沃韦认为，新的法学教育体系应该是一个时限更短、更开放、更学科多元化的体系。② 法科学生在大学学习期间应有一定社会学知识，了解和熟悉法律职业及其相关文化，精通相关历史知识，具有较为精准的法律语言水平和充满逻辑性与专业性的表达能力，具有缜密的思考能力和应用法律知识解决问题的能力。③ 其三，实践导向的教学有利于提升学生的法律职业能力。上文已经指出，法国高等法学教育改革后的教学师资力量、教学内容和教学方法有较强的面向法律实务的导向。这种变化主要旨在传授给学生未来从事法律职业所应具有的实务知识和能力。其实法国传统法科学生培养模式就重视案例教学，用不同的方法指导学生分析经典案例和最新案例，以期更好地培养学生的法律适用能力。现在的教学只不过是在过去的基础上进一步拓展和强化学生获取法律实务知识的渠道，采用更多元的教学方法讲授法律职业技巧，使得学生在大学期间就能具有一定的法律职业能力。

---

① 王蔚：《法国法学教育论纲》，载《中国法学教育研究》2017年第2辑，第109页。
② 朱明哲：《全球化背景下的法国法学教育》，载《中国法学教育研究》2017年第2辑，第189页。
③ 费安玲等：《中国法学专业本科课程体系设计改革研究》，中国政法大学出版社2016年版，第149－153页。

第三节　英国高等学校法科学生培养模式改革经验之借鉴

一、英国改革前高等学校法科学生培养模式

（一）英国高等法学教育概况

英国高等法学教育是普通法系国家高等法学教育的典范。与大陆法系国家高等法学教育相比，英国大学的法学教育一开始并未得到重视。在相当长的一段历史时期，英国的法律教育重镇是律师会馆（Inn），以"学徒式"教育为主。因为早期英国大学法学教育完全将法学作为一种知识体系进行传授，以讲授罗马法—民法为主，忽略甚至抹杀了法律技能培训和经验的积累。[①] 这种教育模式旨在培养少数的法学学术精英，而非大量的法律实践人才，影响力甚微。英国工业革命之后，科技和经济进步一方面导致传统律师会馆"学徒制"法学教育的衰落，另一方面为高等法学教育的兴起奠定了基础。1828 年，伦敦大学的法学院不仅打破了传统大学对学生宗教信仰的限制，而且降低了学生的学费和生活费，大量中等阶层的人士也能接受法学教育。此举标志着英国大学"学院派"法学教育的开始，使得社会各界意识到大学才是法学教育的主要场所，只有大学才能肩负起法学教育的历史重担。1846 年，英国众议院法律教育专门委员会提出了一份详尽的《法律教育报告》，该报告明确指出高等法学教育的主要工作是授予学士学位，法律职业组织是为学生提供职业资格证书，学生应先进入大学完成法学基础教育，再接受法律职业教育。许多大学和法律职业组织都同意报告的意见，纷纷进行了改革。经过一系列改革之后，英国法学教育在 20 世纪初实现了现代化：大学法学院成为法学教育的重镇，法学院主要负责传授法律知识，律师会馆和法律协会则侧重于职业知识和技能的培训。[②]

[①] 参见韩慧：《英国近代法律教育转型研究》，山东大学博士学位论文，2010 年，第 18 - 28 页。

[②] 参见熊书倩：《论英国法律教育的两次重大转型》，华中科技大学硕士学位论文，2016 年，第 23 - 32 页。

英国大学法学院成为法学教育的主要承担者之后,高等法学教育又历经了数次变革。其中最有影响力的改革称为"奥姆罗德法律教育改革",此次改革促进了英国高等法学教育的高速发展。1971 年 3 月,罗杰·奥姆罗德爵士担任主席的法律教育委员会发布了《法律教育委员会报告》(The Report of the Committee on Legal Education)。该报告将法律教育分为学术法律教育(Academic Legal Education)、职业法律教育(Vocational Legal Education)和继续法律教育(Continuing Legal Education)。英国的高等学校负责的是学术法律教育阶段。根据报告的统计数据,当时英国 22 所大学设立了法学院,共有 6 723 名法学本科学生。大学的法学本科课程通常为三年,北爱尔兰和苏格兰大学的法学本科课程为四年。各大学法学院的法学学士学位课程包括五门或六门核心必修课程:合同法、侵权法、刑法、财产法、宪法和英国法律制度。除了本科课程之外,还有数量有限的研究生课程,少数学生攻读研究生学位。虽然与 1951 年英国学术法律教育相比,20 世纪 70 年代的英国大学法学院无论是招生规模,还是课程设置,均取得长足的进步,但是与德、法等国家相比,英国的法学教育仍然是落后的。因此,关于学术法律教育,法律教育委员会建议:其一,学术法律教育和职业法律教育尽可能融为一体;其二,学术法律教育阶段的目标应是让学生掌握法律的基本知识,具有将抽象概念应用于案例事实的能力,并使其能理解法律与其运作的社会和经济环境之间的关系;其三,学术法律教育阶段应该在大学或学院度过,取得法学学士学位才能成为法律从业人员,这应成为一种一般模式;其四,现有的大学法学院应该迅速扩大规模,使大学法律毕业生的供应能够满足法律职业招聘需求的程度。[①] 英国法律教育经过 1971 年奥姆罗德改革后,形成了大学法学院、专门法律培训机构和律师行业协会三驾马车并驾齐驱的模式,[②] 高等学校的法学教育得到了进一步发展,申请进入大学法学院学习的学生人数更多了,法学院的课程设置和培养方式也更加科学和多元,取得法学学士学位变成日后成为律师最重

[①] Philip A. Thomas & Geoff M. Mungham, English Legal Education: A Commentary on the Ormrod Report. *Valparaiso University Law Review*, Vol. 7, 1972, pp. 87 – 131.

[②] 苏金远、刘粤琳、李强:《英格兰和威尔士法律教育制度及对我国的启示》,载《西安交通大学学报》(社会科学版)2013 年第 4 期,第 59 页。

要的基本条件，也是最快速的途径。

1990 年，英国成立了大法官法律教育与职业咨询委员会，该委员会对高等教育的法学专业教育质量实施监管，对英国高等法学教育的不断完善和改革发挥了指导性作用。1999 年，英国签署了《博洛尼亚宣言》，同意与其他协议国共同创造一个欧洲高等教育区（European Higher Education Area），实行本科（至少 3 年）与研究生（2 年）两级培养体制，采用欧洲学分转换系统（ECTS），加强学生在欧洲范围内的流动性，确保欧洲高等教育的质量。[①] 英国的法学本科（LL. B）的教育通常为三年制，但也有四年制。四年制的法学教育又分两种：一是四年均在本国学习，第四年选修更多课程和学习外国法；二是三年本国学习，一年海外学习法律。因此，在"博洛尼亚进程"中，英国高校法学教育改革的重点不是学制，而是传统的单一律师培养模式。2007 年，英国高等教育质量保证署（Quality Assurance Agency in Higher Education）发布了《法学学科基准声明》，该标准进一步细化了高等法学教育的质量要求，不仅设定了法律毕业生应当具备的特有的专业水准和最基本的素质要求，而且为高等院校提供的法学教育提出了一个更加传统的课程基准声明。[②] 质量标准是教育发展进步的重要环节，对推进 21 世纪英国高等法学教育的进一步改革具有重大意义。下文主要以"博洛尼亚进程"后英国高等学校法科学生培养模式的改革为分析对象，包括了各高校根据 2007 年《法学学科基准声明》进行的教学改革。

（二）英国改革前高等学校法科学生培养模式

1. 培养目标

与大陆法系的德国和法国不同，普通法系的英国基于法律职业的内部自治和垄断的传统，形成了一种特殊的"一元化"的法律职业制度。在此"一元化"的法律职业制度中，律师是产生其他法律职业的基础，法官和检察官均从出色的律师中选拔而来。因此，英国大学法学院在相当长时间

---

① Bob Reinalda & Ewa Kulesza, *The Bologna Process：Harmonizing Europe's Higher Education*, Barbara Budrich Publisher, 2005, p. 8.

② 张朝霞、［英］卡罗林·斯蒂文斯：《英国法学教育质量的标准与保证——英国 QAA2007 年法律〈学科基准声明〉述评》，载《中国法学教育研究》2011 年第 1 辑，第 124 页。

里都是以培养"律师"为主要目标的,使学生具备基本法律知识,从而获得从事律师职业的基本条件,包括准备做事务律师(Solicitor),或是出庭律师(Barrister)所应具备的基础知识、能力和素质。①

英国大学法学院最早是培养学术精英的摇篮,虽然英国工业革命后高等法学教育发生了转型,但仍保留了这一培养学术型人才的传统。英国高校法科毕业生获法学学士学位之后可攻读法律硕士学位(LL. M)或法学硕士学位(M. Ph. L)。法律硕士学位是应用型学位,学制为1年。学生仅需要选修法律课程,课程考试通过后,即可取得法律硕士学位。而法学硕士学位则是学术型学位,学制通常为2年。学生不仅要选修法律课程,而且要撰写法学论文,并通过论文答辩,才能取得法学硕士学位。学术型的研究生可继续攻读法学博士学位,学制一般为3年,撰写的博士论文通过论文答辩后,方可取得法学博士学位。之后,法学博士毕业生可进入大学法学院担任教职,进行法学教学和研究。因此,"法学教授"也是英国大学法学院培养目标之一。

2. 课程设置

"博洛尼亚进程"改革之前,英国高等学校法学院的课程设置相对而言自由度较大。② 各校法科学生在大学第一年学习的基础法学专业课程,也就是核心法学专业课程,通常是一致的。所谓的基础法学专业课程,是指宪法(Constitution Law)、合同法(Contract Law)、侵权法(Tort Law)、土地法(Land Law)和刑法(Criminal Law)。大学第一年的课程,除了五门基础法学专业课程外,还有其他非法学科目(non - legal subjects)课程,这一般由各高校根据自身情况进行设置。在结束了基础课程学习之后,大学二年级和三年级的必修和选修课程则完全取决于法学院的决定,不同法学院的课程体系和教学内容差异比较大。有的法学院选修科目多达130门,其中有家庭法、继承法、公司法和劳动法等国内法课程,有国际公法、国际私法和外国法等域外法课程,还有罗马法、法理学、法制史等理论法学课程。

---

① 王健:《西方国家怎样培养法律人才——法律人才培养模式之比较》,载《法学教育研究》2010年第2期,第222-223页。

② Jonny Hall, An Integrated Law Curriculum: Balancing Learning Experience to Achieve a Range of Learning Outcomes, *Journal of International and Comparative Law*, Issue 1, 2018, p. 77.

与大陆法系国家的传统课程类型一样，英国大学法学院的课程类型也主要是讲授课、讨论课和辅导课。然而，与他国的课程设置不同的是，英国大学法学院有一个特殊的配套导师（tutor）制。法学院的每个法科学生有两个不同类型的导师：个人导师和专业导师。个人导师的职责主要是解决学生在学习中遇到的一般问题，例如指导学生如何选择课程和如何听课。专业导师的职责则主要是在学生碰到专业问题时给予指导，例如如何选择专业、如何学习专业和如何阅读专业书籍等。专业导师的配置以课程设置或年级设置为基数，可以说专业导师是为某门设置的课程或某个年级的全体学生提供指导的。[①] 这种与课程设置配套的导师制，有利于提高法科学生的学习效率，提升教学质量。

3. 考试制度

英国大学法学院的考试制度与德国大学法学院的不同，但与法国大学法学院的相似。英国大学法学院根据《大学学习模块计划评估规则》的相关规定，可以自主命题和组织考试，决定法科学生是否能够取得相应的学位。在英国大学，每门课程的考试成绩由两部分组成，即平时作业和期末书面考试。平时作业成绩一般占总分成绩的 25%，期末书面考试成绩通常占总分成绩的 75%。学习成绩及格必须满足两部分分数均及格。平时作业的形式多样，有小组作业、讨论课作业、口语表达、论文、测试、问题解决等。期末书面考试则一般在每个学年的 5 月或 6 月，每次考试大约 3 小时。期末书面考试的内容，根据课程的实际情况而制定，记忆性的知识考核较少，重视能力的考核。[②]

二、英国高等学校法科学生培养模式改革经验借鉴

（一）培养目标之变化

早在 1996 年，英国大法官法律教育和职业咨询委员会关于法律教育的

---

① 费安玲等：《中国法学专业本科课程体系设计改革研究》，中国政法大学出版社 2016 年版，第 142 页。

② 张胜利：《英国法学本科教育和律师职业教育对我们的启示——以英国西英格兰大学（UWE）法学院为例》，载《天津法学》2011 年第 2 期，第 104 页。

报告就曾指出，提供法律服务的人员应具备更灵活、更广泛的知识面和能力。高等法学教育应从培养专门的知识和技能转向培养学生更全面的学术能力。[①] 伴随着"博洛尼亚进程"和 2007 年全球法律服务市场的危机，英国高等学校培养法科学生的主要目标从旧有的仅培养具备法律知识和技能的"单一型"律师转向培养具备多种人文知识和法律知识和技能的"复合型"律师和其他职业领域的人才。2007 年的《法学学科基准声明》就提出了法科学生除了要掌握法律专业领域的能力之外，还应具备一般可转换知识能力、交际能力、文字表达能力、数字技术能力、使用信息技术和团队合作能力等关键技能。[②] 2015 年英国高等教育质量保证署颁布的新《法学学科基准声明》更充分体现了这一变化。该基准明确指出法学学士学位主要是一种学术品质，它提供了一系列职业领域的发展路径，而法律职业只是其中一种。法科学生通过学习法学不仅能够获得法学学科内在的思维方式，如理解法律概念、伦理、规则的复杂性，而且还应该获得一些可以迁移到其他职业的重要思维能力和品质。[③] 此外，英国不少大学法学院除了保留传统的法学本科学士学位（BA in Jurisprudence）项目外，还新增了各种跨学科本科学士学位项目。以久负盛名且颇具特色的华威大学为例。华威大学法学院增加了欧洲法、法与社会学、法与商业学、法律与人文以及法律社会科学五个新的本科学位项目，以适应全球化和专业化对律师职业的新要求。

（二）课程体系之多样性

英国高等法学教育培养目标的变化带来了课程体系的一系列变革。其一，扩充了法学专业必修课程。根据 2001 年 9 月 1 日开始实施的《英国出庭律师公会与事务律师公会共同声明》第二条第五款的规定，要取得学术法律教育阶段法律学位认证（qualifying law degrees）资格，法科学生应当

---

① 袁利平、武星棋：《英国法学教育改革：一种历史与比较的视角》，载《法学教育研究》2018 年第 2 期，第 297 页。

② 张朝霞、［英］卡罗林·斯蒂文斯：《英国法学教育质量的标准与保证——英国 QAA2007 年法律〈学科基准声明〉述评》，载《中国法学教育研究》2011 年第 1 辑，第 129 - 130 页。

③ 宋鸿雁、闫亚林：《我国法学教育质量标准的相关问题研究》，载《法学教育研究》2016 年第 2 期，第 94 页。

学习的法学专业课程为：①公法，包括宪法、行政法和人权法；②欧盟法；③刑法；④债法，包括合同法、损害赔偿法、侵权法；⑤财产法；⑥衡平法与信托法。因此，英国各大学法学院的课程必须包含这六个方向的法学专业必修课程。其二，增加了旨在提高学生综合能力的课程。根据英国法学教育质量的标准要求，法科生应具有的主要技能为：沟通能力（口头和书面），问题解决和事实管理能力，进行独立研究的能力，信息技术使用能力，整合信息、分析信息并对信息作出关键性判断的能力以及时间管理能力。[1] 牛津大学法学院最新的课程设置即为典范。从牛津大学法学院必修课程体系来看，学生第一学年就必须学习第一阶段的法律研究和模拟技能课程（Legal Research and Mooting Skills Programme），第二学年到第三学年必须学习第二阶段的法律研究和模拟技能课程。[2] 其三，补充了非法学专业的选修课程。不少英国大学法学院允许并鼓励学生跨学科和跨院选修课程。以伦敦政治经济学院法律系为例，从其为 2019 级入学新生所提供的课程体系来看，第一年要求学习债法、财产法（1）、公法、刑法、法律制度导论，第二学年和第三学年则在学习完必修法律专业课程外，可以在全校提供的所有本科生课程中进行自由选课。经过一系列改革，目前英国大学法学院课程体系呈现多样性和灵活性的特点。

（三）教学方法之改进

英国法学院传统的教学法包括"讲授法"（lecture method）和"案例法"（case method）。[3] 为了寻求竞争优势，越来越多英国法学院采用了新的教学方法。众多法学院在课程中增加了实习和技能模块，重新采用了"学徒制"的教学方法。目前至少有 70% 的法学院参与无偿的法律诊所活动。不少法学院作了非常大胆的尝试，在法律学习中倡导体验和探究式学

---

[1]　London school of Economics and Political Science，London school of Economics and Political Science：Student Handbook，2014，p. 2.

[2]　https：//www. law. ox. ac. uk/admissions/undergraduate/ba – jurisprudence。

[3]　尹超：《英美法律教育与中国法律教育改革——兼有法律文化的观照》，中国政法大学博士学位论文，2008 年，第 58 页。

习（inquiry - based learning）的中心位置。[1] 约克大学法学院最为典型，该学院已将自身打造成一所全部课程完全以问题为基础进行学习（problem - based learning）的法学院。[2] 诺桑比亚大学法学院也对基于问题的学习进行了有益的探索，并创设了一门采用综合教学方法的法律课程。英国大法官法律教育和行为咨询委员会将该课程称为"诺桑比亚模式"，认为其能很好地将知识与专业技能和价值观融为一体。这门综合课程的教学时间长达四年。第一学年，学生不仅学习了包括刑法在内的一些法律基础知识，而且要专门选修刑事诉讼和证据法律实践课程（legal practice course）模块。在刑事诉讼和证据法律实践课程模块中，导师经常运用案例指导学生学习，学生在实践研讨和评估课中运用他们的实体刑法知识，同时开始学习法律专业技能和价值观。第二学年，学生要继续选修与刑事诉讼和证据法律实践课程模块类似的模块课程，主要是侵权法、民事诉讼和证据法律实践课程模块。第三学年，学生将选修一系列法律实践课程模块，例如商法和信托法，与前两年的法律实践课程模块相比，这些模块将包括模拟实际法律工作和运用基于问题学习的实体法研究，目的在于更好地考查实质性的法律问题。在第四学年，学生们将进行学生法律办公室模块课程，该模块是该综合课程最后一年的必修课程。这个模块有60学分，与美国的法律诊所类似。大约有150名学生参加该模块课程，他们被安排到6个不同专业方向（例如，民事或劳动法）的学生律师事务所工作，并在真正的事务律师监督下处理案件。该模块旨在培养学生更高水平的实践技能、良好的判断力、个人责任感和主动性，从而培养未来从事法律职业的所需的素质。[3]

---

[1] Gemma Davies & Margaret Woo, Navigating Troubled Seas: The Future of the Law School in the United Kingdom and the United States. *Journal of International and Comparative Law*, Issue 1, 2018, pp. 63 - 64.

[2] 基于问题的学习课程最早源于美国的医学教育。这种课程核心在于通过引入真实的、具体的问题来启动学习。课程围绕这些复杂的跨学科的问题进行构建，旨在令学生掌握更丰富的知识，具有更好的理解力，从而替代传统的讲授课或研讨课。这种基于问题的学习课程是以学生为中心，采用小组的组织形式，学生通过自主的学习来识别和获取知识的。David Gijbels, Effects of Problem - Based Learning: A Meta - Analysis from the Angle of Assessment, *Review of Educational Research*, Vol. 75, 2005, p. 75.

[3] Jonny Hall, An Integrated Law Curriculum: Balancing Learning Experience to Achieve a Range of Learning Outcomes, *Journal of International and Comparative Law*, Issue 1, 2018, pp. 91 - 94.

（四）改革经验之启示

英国高等法学教育历经了奥姆罗德改革、"博洛尼亚进程"和高等教育质量保证署的质量监管，现今学术法律教育阶段培养目标明确，并形成了新的法科学生培养模式。这一新的培养模式不仅注重法律专才教育，而且重视培养学生转化知识的能力，避免学生成为一个缺乏人文和科学精神的法律工匠，进而也能避免将来这些所谓的"法匠"进入社会对该国未来的法治带来不利影响。因此，虽然英国是普通法系的典型国家，但其高等法学教育改革所积累的经验对我国高校法科学生培养模式的变革具有重要参考价值。

首先，为了适应社会的发展，高等法学教育应从培养单一的法律专才转向培养具有全面学术能力的法律人才。英国高等法学教育的培养目标从最早的培养学术精英到培养单一型的律师再到培养复合型人才，人文教育和科学教育逐渐成为法学教育中相对重要的一环。究其根本原因在于英国现代社会的剧烈变化，尤其是在全球化浪潮和欧洲人才市场一体化的压力之下，①英国大学法学院迫切需要提升培养学生的质量，需要提高法科毕业生在就业市场的竞争力。英国高等法学教育走上了与法国高等法学教育相似的道路，大学法学院既要保留学术法律教育的传统，又应强调博雅教育的重要性，旨在实践全人教育的理想。我国在构建法科学生"多元" KAQ 培养模式时应借鉴法国和英国的做法，本书第四章将对此展开更详细的讨论。

其次，高等法学教育应打破"理论"和"实践"的藩篱，加强大学法学院和法律实务界的良性互动。英国高等法学教育自奥姆罗德改革之后，数十年来非常重视整合法学理论界和法律实务界的资源：一方面大学法学院重视法律实务界的意见，在课程设置上根据实务界的建议扩张了法学专业的必修课程；另一方面在学术法律教育阶段增设法律实践课程模块，并

---

① 在全球化和欧洲人才市场一体化背景下，跨国律师资格证的出现是对原先系统的颠覆，更进一步加剧了英国律师职业的竞争压力。参见潘俊武、张艳菲：《全球化下英国法学教育的发展趋势》，载《法学教育研究》2016 年第 2 期，第 208 页。

引入律师作为实践课程的教学主导力量。英国高等法学教育发展之所以能取得今天的成就，与其学术界和实务界之间的紧密联系有很大关系。我国高等法学教育改革面临的一大重点即是如何增加和完善法律实践教学环节，我们可以参考英国的做法，无论是在课程设置方面，还是在课程教学环节，均应当导入法律实务界的资源和力量，实现学术界和实务界的良性互动。①

再次，高等法学教育应当建立完善的教育质量管理制度。英国高等教育质量保证署在英国大学法学院学生培养模式的改革中扮演了重要的角色。自2000年迄今，该署共发布了三版《法学学科基准声明》，每一版的声明均为各高校法学学科建设是否合格提供了具体标准，不仅保证了各校为每个法科学生提供法学学科所要求的最基本的知识、技能和所应具备的基本素质教育，而且保证了不同学校的法学院教学质量和学习结果具有可比性。② 正是在英国高等教育质量保证署的推动下，现今各校法学院的培养目标清晰、课程设置制度化和科学化、师资力量不断加强。令人欣喜的是，我国已经开始建立法学学科的教育质量管理制度，2018年教育部发布的《普通高等学校本科专业类教学质量国家标准》即是制度建设的第一步，我们期待着后续有配套的评估制度和奖惩制度，以保证我国高等学校法学本科教学的质量。

最后，高等法学教育应积极借鉴其他学科的先进教学方法。英国高等法学教育长期以来主要采用讲授法和案例法，这两种教学方法均以"教师"为主导，学生在教学中处于较为被动的位置。现代高等教育提倡教学应以"学生"为核心，英国各大学法学院也在探索如何借鉴医学院的教学方法，在法科教学中让学生的体验和探究式学习处于中心位置。例如，前文已介绍了诺桑比亚大学法学院创设新的法律综合课程，并取得良好的教学效果和示范效果。为了提高教学质量，我国各高校法学院在教学方面都积极尝试变革，不断采纳新的教学方法，有的法学院也开设了若干以问题

---

① 袁利平、武星棋：《英国法学教育改革：一种历史与比较的视角》，载《法学教育研究》2018年第2期，第305页。

② 宋鸿雁、闫亚林：《我国法学教育质量标准的相关问题研究》，载《法学教育研究》2016年第2期，第93页。

为导向展开学习的课程，但至今尚未形成足以全面推广的示范性课程。而英国的诺桑比亚模式值得我们学习，不少法学院具备开设法律综合课程的软硬件条件，可以较好地复制该模式。

第四节　美国高等学校法科学生培养模式改革经验之借鉴

一、美国改革前高等学校法科学生培养模式

（一）美国高等法学教育概况

美国高等法学教育是普通法系国家的另一范本。美国的大学法学教育的性质最初与欧洲国家相同，属于本科教育。19 世纪 70 年代，哈佛法学院院长兰德尔就提出大学法学教育，并非本科教育，而是在本科学位基础上的额外的三年继续教育。但是，直到 1898 年，根据学者西蒙·鲍德温估计，全美的法科生中仅有约 20% 的学生具有大学学历。法学院迟迟没有改革法学教育的性质，可能是因为担心一下子提高入学标准会导致入学人数出现滑坡。美国律师界对此看法却不尽相同，很多法律执业者急于推动法学院提升入学条件。1905 年，伊利诺伊州多数律师对此表现出肯定的态度。1915 年，著名律师劳伦斯·麦克斯克尔指出，没有接受过大学人文教育者，不可担任律师。换言之，法科生首先要有大学本科学位才能进入法学院学习。① 正是在律师界的大力推动下，经过数十年的努力，美国的大学法学教育逐渐转变为一种本科后的教育，走上了一条与欧洲国家高等法学教育完全不同的道路，创造了一种全新的高等法学教育模式。这一模式的基本特点是：第一，法学院的法学教育主要是一种职业教育；第二，各法学院的教育模式主要采用"判例教学法"（case method）；第三，课堂上，尤其是一年级的专业基础课上，教师主要采用问答式的"苏格拉底问

---

① 参见［英］罗伯特·史蒂文斯著，李立风译：《法学院》，北京大学出版社 2017 年版，第 54－65 页。

答法"（Socratic method）① 教学。一百多年来，"判例—苏格拉底"教学法被视为美国高等法学教育模式的核心。②

20世纪30年代，美国现实主义法学兴起，该学派的代表人物卢埃林和弗兰克均对美国高等法学教育模式的核心——判例教学法提出批评。他们认为判例教学法导致美国的法学教育严重脱离了社会现实，是"抽去了事实的空洞条文"，因此必须要对法学院的课程设置和教学方法进行改革，以使美国的法学教育能真正符合社会现实发展的要求。③ 在这种法律现实主义思潮的推动下，美国高等法学教育模式有了新的变化。其一，法学院相继引入了诊所式教育（clinical legal education）。1931年，杜克大学建立了美国第一个能够获得学分的法律诊所。20世纪60年代以来，美国各大法学院全面开展了法律诊所教育，既有内部法律诊所，也有外部法律诊所。其二，法学院重视法学与其他社会学科之间的交叉与整合，并引进其他学科学者进入法学院任教。例如，芝加哥大学法学院对于社会科学在法学中的运用起到了重要作用，尤其重视法学与经济学的整合，成为新兴法律经济学派的中心。再如，耶鲁大学法学院开设的主干课程出现了"当代科技发展与法""公共健康的法律维度"以及"社会福利管理"。④ 当然，这些变化仍是在原有的高等法学教育模式框架之内的革新。有研究者指出，所有的这些变革加起来，约占整体的20%～25%。⑤

20世纪90年代以来，美国律师协会（ABA）作为美国法学教育质量的监管组织，对法学院的培养目标、课程设置、现场实习与其他课堂外学习、学生学习效果诸方面设定了严格的认证标准，促进了各法学院根据认

---

① 有学者译成"苏格拉底诘问法"或"苏格拉底对话法"。本文根据美国法学院教授在课堂上主要是根据判例提出问题，学生回答问题的教学方式，选择将该名词译成"苏格拉底问答法"。参见［英］罗伯特·史蒂文斯著，李立风译：《法学院》，北京大学出版社2017年版，第8页。

② 陈绪纲：《"朗道尔革命"——美国法律教育的转型》，载《北大法律评论》2009年第1辑，第172-173页。

③ 参见张晓：《试论美国法学教育现代化视野下的判例教学法》，华东政法大学硕士学位论文，2016年，第35-37页。

④ 孟涛：《美国法学教育模式的反思》，载《中国政法大学学报》2017年第4期，第151页。

⑤ 陈绪纲：《"朗道尔革命"——美国法律教育的转型》，载《北大法律评论》2009年第1辑，第172页。

证标准对学生培养模式中的课程设置、教学方法、考试制度等方面及时地进行更新和改革。1992 年，罗伯特·麦克特在美国律师协会上公布了一份法律教育的报告，可简称为"麦克特报告"。美国有学者将之誉为"里程碑式"的法律教育报告。① 麦克特报告针对美国法学院提供的法律教育缺乏实践性的法律技能与职业价值观提出了批评，第一次明确提出律师应具有基本技能和职业价值观。律师的 10 项基本技能为：解决问题、法律分析、法律研究、事实调查、沟通、咨询、谈判、诉讼或可替代纠纷解决、行政能力、认识和解决伦理困境。律师的职业价值观有四项：其一，提供合格的代理服务；其二，努力促进公平、正义和道德；其三，努力提高专业水平；其四，职业自我发展。该报告强调了体验式和诊所式教育的价值，并主张法学院有责任培养学生具有律师的基本技能和职业价值观。② 该报告引起了美国各界的广泛关注，促使美国律师协会重新审查法学院的认证标准，并激励一些法学院更新课程和教学方法。但是，多数法学院在考虑改革课程体系时倾向于规避风险，再加上麦克特报告缺乏评估技能和价值观的具体规定或方法，在一定程度上削弱了此份重要报告所产生的变革效果。③

2007 年，美国法律诊所教育联合会率先出版了罗伊·斯塔基及其同事合写的《法律教育的最佳实践：远景和路线图》报告（以下简称"最佳实践报告"）。该报告倡导法学院的课程应开设多种体验式课程（experiential courses），让学生在实践的环境中学习法学专业知识和职业技能，并要求法学院扩大法律诊所教育的规模。④ 不久之后，卡内基教学促进基金会出版了以威廉姆·沙力文为首的五位作者编写的《培养律师：为法律职业之

---

① Alice M. Noble – Allgire：Desegregating the Law School Curriculum：How to Integrate More of the Skills and Values Identified by the MacCrate Report into a Doctrinal Course，*Nevada Law Journal*，Vol. 3，2002，p. 34.

② American Bar Association，*Legal Education and Professional Development：An Education Continuum*. American Bar Association，1992，pp. 138 – 148.

③ Russell Engler，The MacCrate Report Turns 10：Assessing its Impact and Identifying Gaps We Should Seek to Narrow. *Clinical Law Review*，Vol. 8，2001，pp. 114 – 116.

④ Roy Stucky & Others，*Best Practices for Legal Education：A Vision and a Road Map*. Clinical Legal Education Association，2007，pp. 165 – 205.

准备》报告(以下简称"卡内基报告")。卡内基报告将职业教育的三种普遍的方式喻为"学徒制"。法学教育的三种学徒制具体是指:第一种学徒制包括智力训练,目的是学习法学理论基础知识和培养法律思维;第二种学徒制是向法科学生传授法律职业技能,法学院通过法律诊所教育、法律写作等方式培养学生的法律职业技能,一般与第一种学徒制相分离;第三种学徒制则是教授法科学生法律职业伦理,令其行为符合职业道德标准,并认同律师在社会中扮演的角色及其应承担的社会责任。经过实证研究表明,其一,法学院通过判例—问答(case - dialogue)教育模式,能够快速推进学生法律思维的社会化,即"像律师一样思考";其二,法学院过分依赖"判例—问答"教学方法来引导学生学习专业知识和进行实践活动,无法系统有效地培养学生具备从事法律实践所需要的所有能力;其三,第三种学徒制被边缘化了,不仅课程设置上未予以重视,而且没有配备相应的师资力量;其四,与其他职业教育领域相比,法学院的考试制度较为落后,应重视形成性评价,以促进学生的学习。卡内基报告最终提出了具体的建议:法学院应采取综合方法改进法学教育,培养学生具有全方位的法律能力,包括法律分析能力、法律职业技能和职业伦理。具体而言,学生需要获得大量的实践经验,鼓励学生参与实践活动,并获得认真思考和探索专业问题的机会。法律理论和分析的教学应充分融入整个课程,让学生在模拟和真实的实践环境中学习"像律师一样思考",同时探索该职业的维度、需求和抱负。[1] 这两份重要报告促使法学院开始更加深刻和认真地反思法学教育的过程。[2]

二十九年来,美国各大法学院在美国律师协会法学院认证标准的督促下,参考麦克特报告、最佳实践报告和卡内基报告所提出的改革核心理念——注重培养学生的职业化技能和伦理,对原有的课程体系、教学方法和考试制度等方面进行了深度改革,取得了较好的效果。尽管有不少学者

---

[1] William M. Sullivan, Anne Colby, Judith Welch Wegner & Others, *Educating Lawyers: Preparation for Profession of Law*. Carnegie Foundation for the Advancement of Teaching, 2007, pp. 185 – 203.

[2] [美] Judith A. McMorrow 著,刘春喜、崔相伟、丁相顺译:《美国法学教育和法律职业养成》,载《法学家》2009 年第 6 期,第 28 页。

批评现今美国的法学院，甚至称之为"失败的法学院"，[①] 但不可否认的是美国法学院的教育水平仍居于世界一流，不断培养出高素质的法律人才和政治领袖。21 世纪以来，大陆法系的日本和韩国均先后取经于美国，深度改革高等法学教育，我国高等法学教育改革同样可以借镜其先进之处。下文我们以麦克特报告为时间节点，具体分析美国高等学校法科学生培养模式的变革。

（二）美国改革前高等学校法科学生培养模式

1. 培养目标

美国高等法学教育是一种本科后的专业教育，以培养法律博士（Juris Doctor）为主。[②] 美国继承了英国法律职业"一元化"的传统，不仅从律师中挑选法官和检察官，而且许多法学院的教师同时也是律师。因此，长期以来，美国法学院培养学生的目标非常明确和单一，就是培养合格的律师。[③] 所有法学院培养法科学生的模式都是围绕如何将学生培养成一名律师而设计的。法学院设置的课程和教师教学的主要任务就是使法科学生能够"像律师一样思考"（think as a lawyer）。[④] 法科学生要按照律师的思维方式来分析和解决法律问题，强调的是其在学习法律的过程中应该多站在律师的视角，即从为客户谋取最大化利益的角度，娴熟地运用法律知识和法律技能，合理地塑造事实、诠释法律和解读政策，并时刻牢记自己的行

---

① ［美］布赖恩·Z. 塔玛纳哈著，秦洁译：《走下神坛：美国法学院现状观察》，法律出版社 2017 年版，第 1 - 2 页。

② 美国法学院培养三种学位的法科学生。第一种学位是法律博士（J. D.）学位，这是一种初级法律学位，相当于大陆法系国家大学的硕士学位。第二种学位是法学硕士（Master of laws）学位，这是一种一年制的硕士研究生学位。法学院设置此种学位一是为有志于将来从事法律教育或者法律研究的学术方向的学生，二是为旨在深化某一专门学科学习的学生，最普遍的是税法专业。第三种学位是法律科学博士（Doctor of Jurisprudence 或者 Doctor of Judicial Science）学位。这种学位相当于大陆法系国家大学的博士学位。该学位学制长，旨在培养法学学术人才。从美国法学院就读学生数来看，很少学生攻读第二种学位，攻读第三种学位的学生更是稀少。参见孟涛：《美国法学教育模式的反思》，载《中国政法大学学报》2017 年第 4 期，第 153 页。

③ 王健：《西方国家怎样培养法律人才——法律人才培养模式之比较》，载《法学教育研究》2010 年第 2 期，第 225 页。

④ 杨莉、王晓阳：《美国法学教育特征分析》，载《清华大学教育研究》2001 年第 2 期，第 68 页。

为必须符合法律职业伦理的要求。此外，"像律师一样思考"还暗含着一种事实比法律更为关键的观念，美国法学院的教授会极力提醒学生，如何挖掘事实、整理事实和呈现事实是一项相当重要的法律技能。[①]

2. 课程设置

与欧洲国家的高等法学教育不同，美国高等法学教育是建立在博雅教育基础之上的专业教育，法科学生在进入法学院之前已经获得本科学士学位，一些学生还积累了社会工作经验，具有了必要的人文、社会和自然科学知识和较全面的学术能力，因此，法学院的任务主要在于给学生传授法学专业知识和培养学生的法律思维能力。美国法学院的课程设置充分反映了这种专业教育的特征。各大法学院一般不单独开设通识课程，仅提供法学专业课程。传统的法学专业课程主要包括：宪法、平权法、合同法、准合同法、财产法、侵权法、刑法、损害赔偿法、商法、破产法、公司法、抵押法、信托法、冲突法、家庭关系法、遗嘱与执行、证据法、保险法、合伙、诉状书写、代理权、委托与执行。20世纪20年代中期，美国法学院普遍开始出现选课制，为法学院课程体系的变化创造了契机。一方面，法学专业课程逐渐变成了必修课和选修课两个模块，另一方面，法学专业课程开始逐渐加强公法教育。法学院课程表中出现了行政法、劳动法和税法等公法及与公法相关的课程。上文已述，20世纪30年代后，在现实法学派的推动下，法学院的课程体系在保留传统专业理论课程的基础上，又增加了实践训练课程和跨学科课程。实践训练课程以模拟法庭和诊所式法律援助课程为代表。跨学科课程主要有法商课程、法律与艺术课程、法律与公共政策课程。[②]麦克特报告发布之前，美国法学院的课程体系其实已经相对比较完善，只是整体比例上侧重理论课程，轻实践性课程。

3. 教学方法

与大陆法系国家法学院采用"讲授法"的传统教学方法不同，美国法学院采用的教学方法主要是前文提及的判例教学法和苏格拉底问答法。所

---

① 李响：《美国法学教育的人才培养机制及其借鉴》，载《学位与研究生教育》2019年第5期，第69页。

② ［英］罗伯特·史蒂文斯著，李立风译：《法学院》，北京大学出版社2017年版，第307－308页。

谓的判例教学法是指教师在讲授法学专业课程时带领学生分析大量判例，以培养学生的法律思维；总结判例中隐含的法律原则和学说，进而获得普通法的真谛。① 这种判例教学法是经过哈佛大学法学院两位院长的努力逐渐形成的，并最终成为主导美国各大法学院的教学范式。

哈佛大学法学院院长兰德尔并非最早采用判例教学法讲课的教师。据1867 年出版的菲利普·杰萨普的自传记载，约翰·波默罗伊教授在纽约大学讲授衡平法时就已经采用了判例教学法。但是，在 19 世纪 60 年代，这种教学法并未得到重视，多数法学院教师仍采用传统的讲授法进行教学。判例教学法是因兰德尔坚定不移地系统性推广而最终闻名于世的。兰德尔主张法学是一门科学，具有自身的特定原则与规则体系。真正的法律人，必须有能力以一种稳定且确定的方式，解决人世间复杂的纠纷。而掌握这种能力的最佳途径就是研习与此相关的真实判例。② 简言之，法科学生不仅可以从判例中抽象出法律原则，而且可以在研习的过程中掌握法律推理和分析能力。因此，兰德尔坚信判例教学法是最科学的教学方法，并不惜倾其毕生精力来推广这种教学方法。

兰德尔的继任者詹姆斯·巴尔·埃姆斯在判例教学法的基础上又引入了苏格拉底问答法。埃姆斯是一位善于教学的教授，他的课非常受学生的欢迎。在埃姆斯的课堂上，他并不像兰德尔一样亲自带领学生复述和分析判例，而是运用了苏格拉底问答法，要求学生概括案情、归纳判例中的系争点、法院的判决理由并进行评论，并针对学生的回答不断追问。这种授课方式鼓励学生课前自主学习，并积极参与到课堂之中，能让学生在教师的追问中发现自己的错误并不断纠正，更有助于其较好地掌握法律推理和分析能力。将苏格拉底问答法融入判例教学法，最后演化成了哈佛法学院的判例—问答教学模式。这种教学模式因其"科学内涵、显而易见的实用性、标榜的精英主义、经济上的巨大成功、掌握律师思维"③，受到美国各

---

① 张晓：《试论美国法学教育现代化视野下的判例教学法》，华东政法大学硕士学位论文，2016 年，第 19 页。

② C. C. Langdell, *A Selection of Cases on the Law of Contracts*. The Legal Classics Library, 1983, p. 2.

③ ［英］罗伯特·史蒂文斯著，李立风译：《法学院》，北京大学出版社 2017 年版，第 94 页。

大法学院的欢迎。20世纪初,美国法学院在教学方法上普遍采用了判例教学法和苏格拉底问答法。虽然判例—问答教学模式自诞生之日起,就不断地遭受质疑和批评,但在长达百年的时间里这种教学模式始终在美国高等法学教育中居于主导地位。2014年,美国研究者的表明,判例—问答教学模式具有不可替代的优势。多数的法学教育工作者认为,法学院通过判例教学法和苏格拉底问答法成功地塑造了学生,使其具有律师的思维,这是法科学生成为法律人的基础。① 因此,美国法学教育的改革不是全面推翻既有的教学方法,而是应当引入新的教学方法来完善判例—问答教学模式。

二、美国高等学校法科学生培养模式改革经验借鉴

(一) 美国高等学校法科学生培养模式改革概况

1. 改革的目标

麦克特报告公布之后,美国高等学校法科学生培养模式的改革是由多种因素促成的。这些因素包括美国法律实践性质的转变、法律职业工作岗位的减少、法学教育成本的提高、法学院申请人数和入学人数大幅下降、法学院之间对学生的争夺、市场对"具有实践能力"的法科毕业生的需求的增加以及有关律师能力和体验式法律教育的新见解等等。② 其中美国法律职业市场的变化对法学院的改革具有决定性的作用。美国法学院培养合格的律师的目标并没有变,但法科学生成为合格律师的标准变了。过去数十年来,法律职业市场要求法学院培养的学生能像律师一样思考即为合格。但是,进入20世纪后,美国的法律职业市场竞争越来越激烈,仅具有律师一般的思维已不足以使法科毕业生成为一名合格的律师,他们还必须具有律师的全部能力和职业伦理道德,能像真正的律师一样行动。简言之,法学院培养的学生其知识—能力—伦理应全部符合执业律师的要求。

---

① Karen Tokarz, Antoinette Sedillo Lopez, Peggy Maisel & Others. Legal Education at a Crossroads: Innovation, Integration, and Pluralism Required!. *Washington University Journal of Law & Policy*, Vol. 43, 2014, p. 38.

② James E. Moliterno, *The American Legal Profession in Crisis: Resistance and Responses to Change*. Oxford University Press, 2013, pp. 12 – 15.

为了培养具有全面能力的法律人，提升法科毕业生在就业市场的竞争力，各大法学院需要不断更新课程体系和教学方法。

2. 课程体系改革

2012 年，美国律师协会出版了凯瑟琳·L. 卡彭特教授编写的《审视法学院课程：2002—2010》。该报告通过实证研究发现 2002 年以来的课程变革的重点为：其一，课程改革的走向以就业市场需要为导向。其中 76% 的受访法学院承认就业市场影响了课程改革的方向，64% 的法学院将强调专业技能和职业养成的最佳实践报告和卡内基报告列为课程的重要书目。其二，各法学院普遍增加了法律技能教育课程，包括法律诊所、模拟教学、校外实习等，以符合美国律师协会要求学生必须加强专业训练的课程标准。其三，各法学院重视法学写作，不仅提高了法学写作在第一年的应修学分数，而且将法学写作列入高年级的进阶课程。其四，各法学院新增了义务服务课程。按照律师协会的规定，各校都要提供义务性法律服务的课程。2010 年，有 18% 的受访学校规定学生平均需履行提供 35 小时的法律服务之义务才能毕业。其五，各法学院增加了标准课程辅导课与律师考试准备课程。在调查中，几乎所有法学院都为学生设有课程辅导计划。有 49% 的受访学校提供可算学分的律师考试准备课程，其中有三分之二的学校是由专任教师来上这些课程的。[1]

2010 年以后，美国顶尖法学院逐步趋向强调课程的通识性、交叉性、实践性和综合性。我们以哈佛大学法学院 2019—2020 学年的课程设置为分析对象。[2] 该学院在传统法学专业课程的基础上增加了通识课程、交叉学科课程、实践训练课程和综合性课程。以首字母 A 的课程为例。这一学年共有 30 门课程，其中法学专业课程 17 门、通识课程 2 门、实践训练课程 4 门、交叉课程 5 门和综合性课程 2 门。通识课程分别为"社会变化的艺术"和"人工智能"。实践训练课程有"高级公司交易""高级谈判""律师的分析方法"和"动物法与政策法律诊所研究"。交叉课程有"智能汽

---

① Catherine L. Carpenter, *A Survey of Law School Curricula*：2002 – 2010. American Bar Association, 2012, pp. 100 – 134.

② 哈佛大学法学院 2019—2020 学年课程目录共有 519 页，课程名首字母从 A 到 B 有近 700 门课程。https：//helios. law. harvard. edu/CourseCatalogs/hls – course – catalog – 2019 – 2020. pdf。

车与法""反垄断法和经济全球化"和"动物法与政策"等课程。综合性课程则有"高级法律诊所实践"和"动物法与政策法律诊所"。课程类型也呈现多样性,有讲授课(course)、研讨课(seminar)、法律诊所课(clinic)和读书组(reading group)。

在卡内基报告的推动下,美国不少法学院还开始重视学生对职业身份的认同感,新增了综合性的职业养成课程。例如,哈佛大学开设了"如何成为法学教授""如何成为律师"和"如何成为法官"课程。再如,圣托马斯大学法学院在前院长尼尔·汉密尔顿教授领导下,为法学院学生开发了一门综合性的课程——"路线图"(The Road Map)。课程首先为学生梳理了律师事务所、公司法律部门和政府法律部门所需的核心能力,以说明每个学生应该培养什么样的能力。课程导师再将核心能力说明制成模板,让学生在法学院的三年内都能使用,以便为毕业后的就业做好充分准备。课程导师通过一对一辅导,以及其与学生驱动的成长计划的结合,让每个学生确定自己具体的能力和职业目标。最后,在毕业前的第五个学期,学生要在课堂上展示自己的进步。受圣托马斯大学法学院的影响,另有几所法学院也开设了类似"路线图"的职业养成课程,并取得了惊人的成果——不仅提高了就业率,而且提高了学生对自身在就业中的角色和路径的理解。2015年,"路线图"课程获得了美国律师协会的"甘布里尔专业精神奖"(Gambrell Professionalism Award)。[①]

3. 教学方法改革

在教学方法方面,美国各大法学院在保留判例教学法和苏格拉底问答法的前提下,在教学中积极推广"跨学科协同教学法"和"体验式教学法"。所谓的跨学科协同教学法,是指在教学中引入其他学科的知识、思维和方法,以利于学生更好地理解法学与其他学科之间的关系,更好地理解经济、政治和社会对法律的影响。下文将具体介绍的威斯康星大学法学院的"行动中的法律"教学模式,就是采用跨学科协同教学方法的典型例子。所谓体验式教学法,是指一种定期或主要通过模拟法律实践、法律诊

---

① Neil W. Hamilton, *Roadmap*: *The Law Student's Guide to Meaningful Employment*. American Bar Association, 2016, pp. 1 – 20.

所或校外实习将学生置于律师角色的教学方法。这种教学方法倡导理论和实践相结合，并为学生提供大量的学习和应用律师技能的机会。这些学习机会也旨在鼓励学生通过有导师指导下的自我反思的角色扮演，逐渐认同律师的职业身份，以促使学生成为一名有技能、有道德、有专业素养的终身的学习法律者。① 法律诊所课程是运用体验式教学法的典范。此类型课程的学生在导师的指导下，通过真实的法律案例，以律师的身份来学习法学专业知识、培养法律技能和养成法律职业精神。法律诊所课程早已有之，只是适用的范围不广。在最佳实践报告和卡内基报告的促进下，越来越多法学院开设了形式多样的法律诊所课程，并广泛地采用了体验式教学法。但是，法律诊所课程也有一定的局限性，让学生接触真实的客户需要投入一定的资金和人力，而法学院显然不是律师事务所。近二十年来，各大法学院对如何在模拟课程和校外实习课程中适用体验式教学法进行了摸索。模拟课程是指通过角色扮演或起草练习，例如谈判、公司规划和起草章程、遗产规划和草拟遗嘱，来完成大部分教学内容的课程。校外实习则是由法学院以外的法律人指导学生进行的校外法律实务实践课程，完成课程的学生可以获得相应的学分。美国律师协会在最新的法学院认证标准中将采用体验式教学法的模拟课程、法律诊所课程和校外实习统称为"体验课程"（experiential course），要求法学院每位学生在学习第一年的律师课程（lawyering course）之后，必须修满 6 个学分的体验课程。这其实也反映了美国各大法学院在教学方法改革上的共识，即体验式教学法是一种整合理论、技能和职业伦理的有效教学方法。②

（二）新罕布什尔大学法学院：丹尼尔·韦伯斯特学者荣誉项目③

丹尼尔·韦伯斯特学者荣誉项目（Daniel Webster Scholar Honors Pro-

---

① David I. C. Thomson，Defining Experiential Legal Education，*Journal of Experiential Learning*，Vol. 1，2015，p. 20.

② Jeffrey Kleeger，Implementing a Meaningful and Effective Legal Education Reform. *Journal of Commonwealth Law and Legal Education*，Vol. 13，2019，p. 2.

③ 关于新罕布什尔大学法学院的丹尼尔·韦伯斯特学者荣誉项目和威斯康星大学法学院2000 年自我评估与弹性课程体系的分析是在笔者已经发表的论文基础上重新修正的。参见邱雪梅：《法学本科学生培养模式现状、经验借鉴和改革路径研究》，载《黑龙江高教研究》2015 年第 6期，第 134 – 137 页。

gram）是美国高等学校法科学生培养模式改革的范例之一。该项目是由新罕布什尔大学法学院、新罕布什尔州最高法院、新罕布什尔州律师协会、新罕布什尔州律师协会考试委员会共同合作探索培养未来律师的法律教育项目。该项目于 2005 年 7 月开始实施，旨在培养令委托人满意的律师。此项目的核心为：其一，革新传统课程体系和教学方法。新罕布什尔大学法学院按照麦克特报告提出的基本技能和价值彻底变革了最后两年的课程和教学方法，取消所有讲授课程，整合成两年的实习课（practicum）。法科学生在校的第二年和第三年沉浸在一种完全体验式的法律教育模式之中，他们在模拟和诊所环境中接受委托人咨询、与执业律师一起工作、宣誓证言、出现在法官面前、撰写基本商业文件以及学习谈判和调停，从而培养成为律师所需的技能和判断力。其二，革新传统律师资格考试。该项目用两年的考试取代过去两天的律师资格考试。每学期律师协会考试委员会考试官将评价学生所撰写的书面文书，并且根据录制的学生口头表达的视频给予成绩。学生完成两年实习课程，并且至少平均成绩累计学分绩点为3.0，则通过多个州认可的职业资格考试。该法律教育项目一直备受法官、律师和学者的称赞。[①] 2015 年，总部设在丹佛大学的美国法律制度进步研究所（Institute for the Advancement of the American Legal System）对丹尼尔·韦伯斯特学者荣誉项目进行了一次全面的评估。评估的结论是，韦伯斯特学者荣誉项目通过精心设计，以实践为基础，构建了多种评估工具的课程体系，能够培养出比传统训练有素的毕业生更有能力从事实践工作的法律人。[②]

（三）威斯康星大学法学院：行动中的法律项目

"行动中的法律"教学项目（Law in Action Program）是美国高等学校法科学生培养模式改革的另一范例。威斯康星大学法学院为了将学生培养成为更具社会意识法律观的律师，采用了行动中的法律教学模式。在这种

[①] John Burwell Garvey & Anne F. Zinkin, Making Law Students Client – Ready: A New Model in Legal Education. *Duke Forum for Law & Social Change*, Vol. 1, 2009, p. 102.

[②] Alli Gerkman & Elena Harmon, *Ahead of Curve: Turning Law Students into Lawyers*. Institution for the Advancement of the American Legal System, 2015, pp. 1 – 2.

教学模式下，学生不是单纯地学习法律规则，而是要进一步学习为什么这些规则会涉及社会问题，并且如何在现实世界中运用法律规则。这意味着学生与"法律与社会"研究学派（law and society school of research）的教授们一起学习，主要学习人们、企业和政府实际上是如何互动的，并研究法律规则如何对他们的行动产生影响。

早在 2000 年，威斯康星大学法学院为了确定课程体系是否足以令其毕业生胜任律师工作，进行了自我评估。该评估的结果源自对 204 个雇主和近年毕业生的调查。该调查显示律师取得成功最重要的技能是法律推理、书面和口头沟通能力。另一重要结论是法学院应更重视并且投入更多资源来培养学生的实践能力，增加训练学生实践能力的课程。[①] 根据此份关于课程设计的评估，威斯康星大学法学院着力改革了课程体系和教学方法。目前，与其他院校的课程相比，该院有更详细的课程说明，指导学生如何正确地选择课程。

根据最新公布的三年制法律博士课程设置（见表 3 - 5），其课程体系的特点为：第一，重视训练学生的书面能力。第一学年秋季和春季均开设了法律检索与写作课程，共 6 个学分。第二，大力培养学生实践能力。第一学年即为学生提供兼职的实习机会，第二学年和第三学年则为学生创造更多实习岗位。第三，具有特别大的弹性。学生学习完第一学年学院规定的必修课程之后，第二年和第三年的课程全部由其自由选择，除了范围广泛的课程，学生还可以选择法律诊所、法学杂志编辑、模拟法庭、指导研究、指导阅读以及实习等可以获得学分的经历。

表 3 - 5　威斯康星大学三年制法律博士课程设置

学期	必修课（共计 15 学分）			
第一学年秋季	合同法（4 分）	刑法导论（4 分）	民事程序法（4 分）	法律检索与写作（3 分）

① C. Lazar Butler, University of Wisconsin Law School Assessment 2000: Summary Report, 2000, pp. 4 - 16.

（续上表）

学期	必修课（共计11学分）			选修课（两门）
第一学年春季	财产法（4分）	侵权法（4分）	法律检索与写作2（3分）	刑事程序法导论（3分） 宪法（3分）
第一学年	全年为学生提供法律类兼职实习岗位			
学期	选修课和有学分经历（学生自由选择）			
第二学年	民事程序法2（3分）、国际法（3分）、合同法2（3分）、行政法（3分）、商业组织1（3分）、立法与条例（3分），以及其他大量选修课			
第三学年	法律诊所、法学杂志编辑、模拟法庭、指导研究、指导阅读、实习			

（四）改革经验之启示

近三十年来，美国高等法学教育在监管者——美国律师协会不断提高的法学院认证标准的推动下进行了持续性的改革，不少法学院为了培养出更具竞争力的法律人，大胆创新了法科学生的培养模式。相较于西方其他发达国家高校的法科学生培养模式改革，美国法学院的改革更加全面，形成了知识—技能—伦理并进的法科学生培养模式。这种本科后的法科学生培养模式值得借鉴之处可归纳如下：

第一，知识—技能—伦理法科学生培养模式是根据美国法律实践的需要构建的。与英国不同，美国高等法学教育的监管者是美国律师协会。该协会依据法律实践的要求，尤其是律师界对律师的技能和职业伦理的新标准，不断修正法学院认证标准，主张法学院不仅要给法科学生传授基本的法律知识，而且要给学生传授法律职业的历史、目的、结构、价值、规则与责任等相关知识，尤其强调要培训学生从事法律职业所需的技能和伦理，[①] 从而推动各校法科学生培养模式的变革。因此，新的法科学生培养模式深深地打上了律师职业的烙印，所有的课程体系和教学方法的更新都

---

① 郭艳利：《美、英、德、日法律职业教育的比较及启示》，载《中国法学教育研究》2013年第3辑，第64页。

围绕着如何更好地将律师技能、职业伦理和职业认同感融入法学院的日常教育之中。这种完全以法律职业价值为取向的培养模式有利于形成一个具有高素质的法律职业共同体。我国法科研究生的培养模式，尤其是法律硕士的培养模式应当借鉴美国改革经验，进行广泛的调查和实证研究，根据司法实践对律师、法官和检察官的技能和素质的要求，构建起以法律职业知识、技能和素质为核心的 KAQ 培养模式。

第二，课程体系的创新注重综合性和学生的可体验性。目前关于美国法学院课程改革最全面的评估来自"明日律师教育"项目的研究成果。该项目的宗旨是通过融入了法律职业主义价值的创新法律教育，更好地促进律师的发展，提高律师的能力和职业认同感。美国法律制度进步研究所在进行"明日律师教育"项目时，第一个值得注意的成果是建立了一个法学院网络，即致力于改进法律教育的法学院组成了一个学习联盟。接着，该项目组又建立了一个可供公众浏览的网站，记录和宣传法律教育创新的模范。2011 年，项目组成员对所有经美国律师协会认证的 118 所法学院进行了一项课程体系改革的调查，以衡量法学院课程和组织创新的趋势。该调查明确要求作出答复的学校列出并说明它们在课程方面所作的改变，以及它们为促进教师重视教育学习而进行的活动，包括它们因此对教师任期和奖励程序所作的所有变革。最终的调查结果显示，118 所法学院的回复率为 60%。根据回复的法学院的反馈，所有法学院都全面更新了课程体系，特别是增加了综合型课程和体验课程。从 2012 年开始，"明日律师教育"项目每年召开年度大会，邀请教育工作者、研究人员、雇主、监管机构、执业律师和司法人员，以及致力于法律教育创新学习联盟的法学院。从近年会议的反馈情况来看，课程创新的方向是正确的，各法学院培养的学生的质量正在逐年提高。[①]

第三，教学方法的多元化。新罕布什尔大学法学院和威斯康星大学法学院的教学改革是两个成功的代表案例。两所学院新的法律博士培养模式都是在第一学年的理论课程保留了传统的判例教学法和苏格拉底问答法，

---

① William M. Sullivan, After Ten Years: The Carnegie Report and Contemporary Legal Education. *University of St. Thomas Law Journal*, Vol. 14, 2018, pp. 336 – 339.

第二学年和第三学年的课程则广泛地采用了跨学科协同教学法和体验式学习教学法。最新的实证研究结果表明,传统的判例教学法和苏格拉底问答法在塑造学生像律师一样思考方面是有效的。因此,在法科学生的基础学习阶段应该坚持传统的教学方法,这是理论课程教学的精髓所在。[①] 但是,不可否认,传统的教学方法是以教师为中心的,并且无法给予学生体验式的学习经验。这将导致法科毕业生面对实际问题时缺乏相应的职业技能和职业认同感。为了弥补传统教学方法的不足,在高年级的教学阶段转为以学生为中心,引入跨学科协同教学法和体验式教学法,在跨学科的知识背景下,为学生提供模拟或真实的案例情境,在体验式教学中培养学生谈判、法律文书写作、口头表达、法庭辩论和协作等实践能力和职业角色认同感。美国法学院在学生不同的学习阶段采用不同的教学方法,实现了理论与实践相结合的教学目标。正如前文所说,我国在法学研究生的教学上长期以来方法单一,应当在传统的理论教学方法上,增加新的跨学科和体验式学习教学方法。

---

① Jeffrey Kleeger, Implementing a Meaningful and Effective Legal Education Reform. *Journal of Commonwealth Law and Legal Education*, Vol. 13, 2019, p. 16.

第四章 高等学校法科学生"多元" KAQ 培养模式改革路径

第一节 高等学校法学本科学生"多元" KAQ 培养模式改革路径

一、培养模式定位之细化[①]

关于法学本科学生培养模式的定位问题，根据前文所述，我国高校已经初步达成共识，确立了三种不同定位的培养模式：一是应用型法律人才培养模式，即法治人才培养模式；二是研究型法律人才培养模式，即法学学者培养模式；三是涉外型法律人才培养模式，即国际法律人培养模式。目前，各高校主要以法治人才培养模式为主。但是正如一些学者所言，应用型之定位仍有进一步深化的必要，究竟是具体定位于律师培养模式，还是定位于法官培养模式，下文将对此进行深入讨论。

2006 年，具有英、美、法法学教育和法律实践背景的何美欢教授撰写专文力主法科学生的培养模式应定位于律师。针对高校法学院如何构建培养精英律师的教育模式的问题，该文提出了两方面的具体建议：一方面，法学院应培养学生全方位的技能。所谓的全方位技能包括智能技能和实务技能，前者是指学生知道如何使用法律概念及法律规定，后者则指律师执业所需要的具体执业技能，例如，起草法律文书能力、法律论证能力和有

---

① 本部分内容主要是在笔者公开发表的论文基础上修改而成。参见邱雪梅：《法学本科学生培养模式现状、经验借鉴和改革路径研究》，载《黑龙江高教研究》2015 年第 6 期，第 134 － 137 页。

效与客户沟通的能力等。另一方面，法学院应培养学生学习能力，不仅要培养学生具有扎实的知识和技能基础，更要给学生传授学习的方法，让他们养成"终身学习"的思维。① 而以清华大学法学院张卫平教授和北京大学法学院葛云松教授为代表，他们主张法科学生的培养模式应具体定位于法官。张卫平教授认为，我国的法治环境与英美等普通法系国家完全不同，普通法系以律师为中心，而我国则以法官为中心。在普通法系这样的律师中心主义国家，由于法官来自律师，培养合格的律师，使学生具有律师的知识、技能和职业伦理成了英美国家高等法学教育的使命。而我国作为法官中心主义的成文法国家，法科毕业生通过法律职业资格考试后可直接成为法官，并不一定需要律师这一环节，但是法官的法律思维方式不同于从事实出发的律师法律思维方式，而是从规范出发的。因此，培养合格的法官，使学生具有法官的知识、能力和素质是我国高等法学教育的任务。② 葛云松教授指出，法律实务工作中最重要的两种职业是法官和律师，尽管律师是最庞大的法律实务工作者群体，但我国法学教育应借鉴德国经验，将法科学生的培养目标定为培养法官之能力，即培养学生掌握我国主要实体法、程序法的基本知识，并具备法律解释与适用的能力。同时，高等法学教育应将培养律师能力置于次要地位。③

在新时代法治中国的社会背景下，我国应用型法学本科学生"多元"KAQ培养模式主要定位以培养法官模式为宜。毫无疑问，法官是法律实务工作中对品德、能力和知识要求最严苛的一种法律职业。而新时代法治中国需要的正是德法兼修，具有多元知识、能力和素质的法治人才，以法律职业中对"知识—能力—素质"要求最高的法官为培养原型，有利于提高法学本科学生的整体素质和质量。从域外高等教育改革的有益经验来看，成文法系国家的法科学生培养目标主要定位为法官也是确保培养高质量法治人才的前提。在法官培养模式下，无论是法学本科学生的课程设置，还是教学方法，抑或是考试制度都将以培养具有"从规范中心出发"思维的

① 何美欢：《理想的专业法学教育》，载《清华法学》2006年第9辑，第112-118页。
② 张卫平：《法学研究与教育方法论》，法律出版社2017年版，第209页。
③ 葛云松：《法学教育的理想》，载《中外法学》2014年第2期，第285-297页。

法科学生为原点。简言之,法教义学将是高等法学教育的核心。这已经被我国多数学者所承认和关注。① 当然,我国法学本科学生"多元"KAQ培养模式也不能以培养法官为唯一出发点,应当将培养律师的知识、能力和素质加入培养模式之中。理由有二:其一,从比较法的角度来看,在经济全球化的浪潮中,无论是欧洲大陆法系国家的高等法学教育改革,还是普通法系国家的高等法学教育改革,高校在基础法学教育阶段均将培养有能力和伦理道德的律师列为教育目标;其二,就法律职业未来发展而言,法律实务工作者数量最多的仍是律师。还需要注意的是,随着司法改革的深化,法官的要求会越来越高,法学本科毕业生直接成为法官的可能性大幅度降低。同时法官遴选制度改革的方向之一,即是从优秀律师中遴选法官。因此,我国法学本科毕业生通过法律职业资格考试之后,如果从事法律工作,其第一步很可能是加入律师队伍。总而言之,我国法学本科学生"多元"KAQ培养模式定位应以法官知识、能力和素质为根本,补充培养学生具有律师从事非诉活动时所需的相关知识、能力和素质。

二、课程体系之优化

法学本科学生"多元"KAQ培养模式的核心就是课程设置。随着2018年《国标》的出台,各高校已经着手大力推进法学本科课程设置的改革,目前构建的基本框架是:不同类型的培养模式采用不同的课程体系,在保持部门法作为核心课程基础之上,增加通识课程和实践课程的比例。但是,课程设置有再优化的必要。域外发达国家大学法学院的课程体系改革可资借鉴,尤其是应吸取美国威斯康星大学法学院的课程改革的成功经验。法学本科学生课程体系优化的宏观思路如下:第一,对既有课程体系进行评估,根据评估结果决定如何调整课程体系。第二,通识课程应分为哲学、经济学、政治学、社会学、文学、自然科学和外语等模块,不同类型的学生培养模式,学习通识课程的强度要求不同。在应用型法治人才培

---

① 参见蒋毅:《在规范与个案之间——法教义学的立场、方法与功用》,载《北航法律评论》2015年第1辑,第202–213页。

养模式中，通识课程在一年级选择经济学、政治学和社会学模块中的课程为必修课，其他为选修课，贯穿四个学年；法学学者培养模式对学生的理论素养要求高，通识课程所有模块中均应有必修课和选修课，并且四个学年都予以开设；国际法律人培养模式则对外语的要求高，是四年必修课。第三，实践课程在不同培养模式中所占的比例和内容不同。在应用型法治人才培养模式中，实践课程应贯穿在第二、三和四学年之中。部门法的案例练习课与理论课程同时开设，学时相同、学分相同；三年级下学期开设法律和商务写作、谈判和模拟法庭；四年级开设法律诊所和为期六个月的实习。在国际法律人培养模式中，实践性课程主要是与涉外法律活动相关，应开设涉外谈判、法律英语写作等课程，实习形式以第四年到海外交流或到外资律师事务所实习一年为宜。

法学本科课程体系优化的微观思路是建设能够培养学生多元知识、能力和素质的综合性法学专业课程体系。正如前文所述，法学本科学生课程设置进一步改革的重点应是回归更新法学专业课程体系。我国法学界有识之士早就呼吁未来应将课程改革的重心落在法学专业课程上。例如，中国政法大学靳文静博士以民法课程体系为研究对象，发现现行民法课程体系存在的问题，并提出改进和完善民法课程体系的具体建议。① 而域外高等法学教育改革的重点之一也是法学专业课程体系，各大法学院纷纷探索如何将传统讲授知识的专业理论课程改造成新的培养学生知识、能力和职业伦理的综合性课程。笔者作为地方大学法学院一线教学工作者，将以有十多年执教经验的民法学课程为例，讨论建设法学专业综合性课程的路径。广州大学的民法学课程为专业必修课（4学分），开设在法学本科第一学年的第二学期。由于民法学师资力量不足，在相当长的一段时间里，广州大学的民法学课程无法开设配套的案例研习课程，仅有64学时。那么如何利用有限的资源将这门传统的法学专业课程建设成新的融知识、技能和伦理为一体的综合课程呢？首先，我们应挖掘民法学课程所蕴含的法律精神和职业伦理。"课程思政"已经成为我国高校专业课程改革的新方向，而积

---

① 靳文静：《民法课程体系的改进和完善思路——以中国政法大学的民法课程体系为例》，载《中国法学教育研究》2017年第2辑，第38－56页。

极地挖掘民法学课程所包含的法律精神和职业伦理也与之相一致。意思自治和诚实信用原则是民法的两大基本原则，凝聚了社会主义核心价值观中所倡导的自由与诚信精神。课程内容可以以这两大基本原则为红线展开，通过具体的案例、透彻的理论讲解，让学生充分感受民法领域的自由与诚信，并逐渐形成正确的价值观。其次，我们应以培养学生的民法思维为核心，将"请求权基础方法"贯穿课程的始终。20世纪70年代，德国著名民法学家迪特尔·梅迪库斯发表了对民法教学影响深远的论文《民法教学方法的支柱——请求权与抗辩权》，该文详细地论述了请求权基础方法的历史基础和作为民法教学方法的优点。[①]德国法系的国家和地区民法教学深受此文的启发，均认可请求权基础方法为培养民法思维的最佳方法。近年来，我国不少民法学者也倡导在民法学课程中以此方法培养学生的法律适用能力。[②]2019年9月4日至5日，北京大学法学院举办了"首届全国法学教育师资研修班——民法教学方法：基础课与案例课"，开始向全国民法学教师推广请求权基础方法，并培育相应的师资力量。2008年开始，广州大学法学院的民法学课程就加入了请求权基础方法，近四年更是将此方法融入整个课程，从毕业生的反馈来看，取得了相当好的教学效果，不仅培养了学生的法律思维能力，而且提升了学生的就业竞争力。最后，我们应在民法学课程中训练学生撰写"鉴定式案例报告"，让学生将课堂所学的知识有效转化为法律适用能力和法律文书写作能力。德国和我国民法学案例练习课主要指导和训练学生撰写鉴定式案例分析报告。在无法单独开设民法学配套练习课的情形下，可以在民法学课程中增加相应的课程内容和案例设计。例如，在意思表示解释专题中，课堂上先指导同学们一起用请求权基础方法分析发生在青岛的"菜单案"，课后再布置撰写鉴定式案例报告的家庭作业，批改发现问题后，再公布教师版的鉴定式案例报告。（参见附录的"菜单案"鉴定式案例报告）

---

① Dieter Medicus, Anspruch und Einrede als Rückgrat einer zivilistischen Lehrmethode. *Archiv für die civilistische Praxis*：H. 2/3，1974，s313.

② 葛云松、金可可、田士永等：《法治访谈录：请求权基础的案例教学法》，载《法律适用》（司法案例）2017年第14期，第23－33页。

三、教学方法之丰富①

法学本科学生"多元"KAQ培养模式的灵魂是授课内容和教学方法。就课堂教学方法而言,讲授式是主要方法。近年来,教师们不断探索新的课堂教学方法,引入了研讨方式、案例练习、互动式等。但是,在法学本科课堂无法完全实现25人以下的小班制教学,新的课堂教学方法并不能得到充分的运用。因此,这里不拟对学者们已经广泛讨论的教学方法进行分析,而是提出提高传统课堂讲授法的教学效果的具体方法。我们仍以民法学理论课程授课为例。为了增加实践课程的比例,民法学理论课程的学时一直被压缩。例如,广州大学法学院原来民法学课时为72学时,现在已经减至64学时。那么如何在有限的学时中教好民法学理论?

西南政法大学"特色示范课堂"采用的"课前、课堂和课后一体化"教学设计值得我们学习和借鉴。② 民法学课前先通过互联网向学生发布课堂主题的相关重要文献和案例,并要求学生课前做好阅读笔记和提出问题;课堂上接着用请求权基础方法分析课前布置的案例,引导学生找到请求权规范、提炼请求权规范的构成要件、完成案例事实与请求权规范要件的涵摄、寻找可能的抗辩事由,培养学生的民法思维核心——法律适用能力;课后再通过案例研习小组讨论,并独立撰写鉴定式案例研习报告,进一步训练学生的法律检索、解释、适用和写作能力。这种课堂全过程的教学设计将使传统的讲授法发挥更好的教学效果。此外,在移动互联网时代还应积极采用网络和信息技术改进传统课堂教学方法。笔者以为可以充分利用互联网、视频影音制作软件和设备,打破课内和课外的界限:第一,利用影音设备,将法律概念和法律原则的讲解制作成不超过十五分钟的微课,上传至互联网存储空间,学生可以下载到手机、平板电脑和电脑上以

---

① 本部分内容根据作者已经公开发表的论文修改完成。参见邱雪梅:《我国民法学教学现状与改革研究》,载《高考》2015年第7期,第118–120页。

② 张建文、章晓明:《立德树人、课程育人、培养具有政法特色的高素质法治人才——西南政法大学关于新时代中国特色法学教育路径的探索》,载《法学教育研究》2019年第2期,第174页。

便随时观看。第二，整合互联网上名师精品课程和精彩的讲座视频做成体系化视频，要求同学课前观摩、课堂讨论；有条件的学校教师则可以制作"慕课"，采用"翻转课堂"的方式进行教学。第三，利用手机 APP 软件制作民法学广播节目。例如，利用荔枝 FM 可以自己录制长达一个小时的配乐广播节目，教师可以将民法历史、民法学者的故事等内容制作成广播节目，既提高学生学习兴趣，又锻炼自身表达能力。

四、学生流动性之增强

欧洲"博洛尼亚进程"的亮点之一就是促进了欧洲各国高校学生之间的流动性。我国高校法学院也开始思考如何加强法学本科学生的流动性，最大限度实现优质资源共享。一般而言，高校之间的学生流动有四种方式：第一种方式是同市大学城校际之间的课程互选。例如，广州大学城的各高校之间学生可以互选课程，达到教学资源的优势互补。第二种方式是国内校际联盟之间的课程互选。譬如，中国政法大学、武汉大学法学院和吉林大学法学院已经建立了司法文明协同创新中心，学生可以选修不同地域的学校的课程，互认学分。第三种方式是国际校际联盟之间的课程互选。最典型的就是中国人民大学法学院和清华大学法学院联合日本、韩国名校法学院正在打造的"亚洲校园"计划中的"东亚法治人才培养"项目。这是一个非常好的发展方向，尤其在互联网时代，未来可以朝建设不同类型的区域性和跨国法学院联合体发展，拓宽各校法学本科生的视野。第四种方式是选派优秀学生到国内或国外联盟高校短期访学，与访学高校的学生一起上课和交流。例如，广州大学法学院每学年都会选派 10 名优秀的本科学生，由教学副院长和教师亲自带队到有交流协议的高水平法学院访学一周，实地感受一流法学院的良好教风和学风，实地学习一流法学院培养学生的先进经验。

五、考试制度之创新

我国现行的法律资格考试制度仍是与大学教学相脱节的。高年级法学本科生热衷上法考培训班，而不专心于大学学习的现象依然不变。即使在大学课程教学中融入了法律资格考试的内容，但仍治标不治本。我们可以参考他国的法律职业资格考试改革，创新高校法学本科生的考核制度。一种方式是德国式的改革，即在总的国家司法考试成绩中，大学考试成绩占30%，国家考试成绩占70%；第二种方式是美国新罕布什尔州的改革，即取消两天式的集中考试，而是由行业协会的考试机构组织人员每学年进行测评，按照平均绩点决定是否取得职业资格。这种方式可以将大学考试部分融入其中，大学考试的成绩是每学年由各地行业协会组织笔试和面试对学生进行测评得出的。

第二节　高等学校法学研究生"多元"KAQ培养模式改革路径

一、培养模式定位之清晰化

当前我国法学研究生"多元"KAQ培养模式的定位是不清晰的。法学硕士研究生和法学博士研究生的培养目标均出现了"法学人才和法治人才"并列培养的现象。究其根本原因是为了提高学生的就业竞争力，毕竟高层次的学术型法律人才的市场需求不大。然而，以就业市场为导向改变培养目标，尤其是变更法学博士研究生的培养目标并非明智之举。各法学院系应做的是缩减学术型研究生的招生规模，提高培养学生的水平和质量，而不是动摇培养高层次学术型人才的根基。因此，法学博士研究生培养模式仍应具体定位为"法学学者"。法学硕士研究生的培养模式定位则可与法律硕士研究生的培养模式定位保持一致，均是培养高层次的法治人才。一方面，域外本科后的法学教育，特别是美国法学院，其培养目标完全是以法律职业为导向的，并具体定位为律师。但是，这并不影响高层次学术型人才的培养。另一方面，从国内高校法学研究生教育实践来看，多数毕业生都进入了法律职业领域，仅有少数毕业生选择继续攻读法学博士学位。如同许多学者呼吁的一样，笔者也主张取消硕士研究生阶段"学术型"和"应用型"之间的区分，无论是法学硕士研究生，还是法律硕士研究生，均以培养法治人才为目标，具体定位以培养法官为主，培养律师为辅。实质上，在培养目标方面，法学本科学生和法学硕士研究生"多元"KAQ培养模式的定位应该是相同的，只是课程设置、教学方法和考试制度因本科和研究生层次不同而有所不同。

二、课程体系之多样化

法学研究生的培养模式定位清晰化之后，课程体系可区分为学术型课程体系和应用型课程体系。法学博士研究生的课程体系应保留传统的学术型课程体系，但需要增加跨学科通识课程，以丰富法学博士研究生的知识和能力结构。法律硕士研究生课程设置已经有国家指导标准了，新的指导意见也体现了法律硕士研究生应用型课程体系的特点。然而，法学硕士研究生课程设置既没有国家指导标准，也不包括实践性课程，还是维持传统的学术型课程体系。因此，拥有法学硕士点和法律硕士点的法学院未来应着重探索如何建设培养高层次法治人才的课程体系。

从美国法学院的课程体系改革来看，以法律职业为导向的课程设置应当强调交叉性、实践性和综合性。我国法律硕士研究生和法学硕士研究生的课程设置还应重视政治性和思想性。那么如何构建具有政治性、思想性、交叉性、实践性和综合性的课程体系呢？

首先，教师应当将正确的政治思想和价值观融入传统法学专业课程，不仅本科阶段要建设课程的思政内容，研究生阶段更要注意通过专业课程引导学生。

其次，法学院进行课程设置时应增加交叉学科课程的比例。近年来无论是域外的哈佛大学法学院，还是国内北京大学法学院，都较大幅度地加大了交叉学科课程在整个课程体系的分量。这代表了一流法学院的一种共识：未来的法治人才仅有通识知识和专业知识不足以应对社会的变化，必须具有跨学科的知识和思维。

再次，法学院和法律实务部门应协同创新实践性课程体系。传统的实践性课程主要包括模拟法庭和专业实习，虽然我们借鉴域外实践性课程，逐渐引入了仿真案例系统和法律诊所，但是仿真案例课和法律诊所需要一定的资金、人力和物力，并不是每所高校都能承担的。因此，一方面，法学院可以在法律硕士研究生或法学硕士研究生第一学年开设与专业课配套的案例研习课；另一方面，法学院可与法律实务部门联合打造实践性课程，创新教学内容和教学方式。

最后，我们应开发更多综合性课程。前文已经讨论了专业基础课改造成综合性课程的方法。这里将继续讨论如何学习英国的诺桑比亚模式和美国圣托马斯大学法学院的"路线图"课程，为法律硕士研究生和法学硕士研究生开设综合性的专业课程和职业养成课。综合性的专业课程的关键是有效整合实体法和程序法的理论课程和实践课程。诺桑比亚模式是本科综合性专业课程的典范。我们可以将此模式应用到研究生课程之中。例如，法学院可以开设民事实体法和诉讼法模块。第一学年，学生不仅要学习民法，而且要学习民事诉讼法和证据法。第二学年，学生要继续选修与民事诉讼和证据法实践课程一类的模块。第三学年将进行法律办公室模块，学生被安排到民法不同方向的学生律师事务所工作，并在真正的律师指导下处理案件。职业养成课应在开学初就为学生梳理在我国司法部门、律师事务所和公司法律部门工作所需的知识和能力，令学生明白要成为法律人，即法官、检察官、律师或公司法务人员究竟需要哪些知识和能力。而职业养成课最重要的是为学生配备一对一的导师，学生在导师的指导下尽早进行职业规划，确定自己的职业目标和实现目标的计划。

三、教学方法之多元化

我国法学研究生的课堂教学形式通常采用小班制，这为教学方法的多元化奠定了良好基础。受传统培养学术型法律人才观念的影响，目前教师给研究生授课主要采用专题研讨式教学方法，这与新的法学研究生培养目标的要求不一致。我们不妨参考美国法学院的改革路径。法学研究生低年级的教学以案例教学法为主，教师课前将要讨论的案例布置给学生，并为学生提供案例分析指引；课堂上则采用苏格拉底问答法指导学生分析指导性案例、最高人民法院公报案例和各级人民法院典型案例；课后要求学生撰写鉴定式案例分析报告。当然，低年级的教学还可以多借助互联网技术，帮助学生更好地学习专业课程。法学研究生高年级教学则应以学生为中心，主要采用体验式教学法。高年级教学可开设模拟课程，学生在模拟课程中扮演律师、法官、检察官等法律人的角色，从而学习谈判、公司规划和起草法律文书等法律职业技能。有条件的高校则可以通过仿真案例系统为学生提供网络虚拟社区，学生在虚拟社区里成为律师、法官或检察官，为虚拟社区的成员提供法律服务。新罕布什尔大学法学院将高年级的讲授课全部取消，整合成两年的实习课，学生在模拟或法律诊所的环境中培养法律职业技能。这是一种非常彻底的改革，在我国部分高校法学院也有适用的可能。而多数法学院可以适当延长实践课程的时间，目前指导性方案规定的是六个月的专业实习，可以在此基础之上增加实践课程的学习时间。

四、考试制度之严格化

现行的法学研究生考试制度强调学位论文的重要性，却忽视了课程考试制度。理论课程和实践课程仍是法学研究生学习的核心，课程考试宽松与否，尤其是理论课程考试是否简单化，将直接影响培养学生的质量高低。因此，要提升法学研究生的培养质量，必须完善课程考试制度。其一，在考试成绩中，总结性评价成绩和形成性评价成绩所占比例应均衡。目前总结性评价成绩占60%~70%，形成性评价成绩则占30%~40%，导致研究生往往不重视平时的作业、讨论和课堂展示。总结性评价成绩和形成性评价成绩各占一半比例将使课程考试成绩更加合理化。其二，应鼓励学生参与形成性评价。教师可以在课前确定形成性评价的标准，并事先对学生进行参与互评的培训。学生给出的形成性评价成绩可占形成性评价成绩的50%，另一半则应由教师亲自进行，以确保成绩的公正性和合理性。其三，实践性课程的考试成绩不但要由多方主体审定，而且要增加考试内容的难度。尤其是专业实习，不能仅以实习单位写评语和成绩为准，还需要在实习之后进行相关法律职业技能的测试，测试合格后方能取得学分。

结　论

所谓的高等学校法科学生"多元"KAQ培养模式，是指高等学校为法科学生构建多元知识结构，养成学术能力、法律专业能力和创新创业能力，形成良好的德法兼具的综合素质，所设置的课程体系、教学活动和考试制度等一系列培养途径和方式。自1995年开始，我国各校法学院系根据《教育法》形成KAQ法学人才培养模式，随着高等法学教育目的变迁，"单一型"的KAQ法学人才培养模式也逐渐演变成了今天的法科学生"多元"KAQ培养模式。在新时代法治中国的背景下，我国高校该如何进一步改革和完善法科学生"多元"KAQ培养模式？

我们首先根据法科学生的不同教育层次，将法科学生"多元"KAQ培养模式区分为法学本科学生"多元"KAQ培养模式和法学研究生"多元"KAQ培养模式，分别考察两个培养模式的基本构成。在分析了我国具有代表性的高校法学院最新的法学本科学生培养方案之后，结合2018年的《国标》对法学本科学生知识、能力和素质的要求，目前我国法学本科学生"多元"KAQ培养模式的构成如表4-1所示：

表1　法学本科学生"多元"KAQ培养模式构成表

构成		法学本科学生"多元"KAQ培养模式
知识	通识知识	人文科学基础知识、自然科学基础知识
	专业知识	法学专业的基本知识和基本理论
能力	可持续发展的学术能力	独立自主的学习能力；文献检索、资料查询和论文写作的基本能力；利用创造性思维方法开展科研工作的能力；一定的运用法学与其他学科理论、知识和方法解决实际问题的综合能力；较高的计算机能力；较高的外语能力

（续上表）

构成		法学本科学生"多元"KAQ培养模式
能力	法律专业能力	法律信息的检索和研究能力；法律思维的能力，包括解释法律的能力、法律思维推理能力和法律论证能力；探知法律事实的能力；法律文书的写作能力；运用法律与客户、其他法律人谈判沟通的能力；解决纠纷的能力；进行诉讼活动的能力；坚守法律职业伦理的能力
	创新创业实践能力	
素质	政治素质	热爱社会主义祖国，拥护中国共产党的领导，掌握中国特色社会主义理论体系，牢固树立正确的世界观、人生观、价值观
	品德素质	养成良好的道德品格、健全的职业人格、强烈的法律职业认同感，具有服务于建设社会主义法治国家的责任感和使命感
	专业素质	掌握法学类专业的思维方法和研究方法，具备良好的人文素养和科学素养
	身心素质	具备健康的心理和体魄

与法学本科学生不同，我国关于法学研究生的知识、能力和素质尚未出台国家级标准。根据全国法律专业学位研究生教育指导委员会办公室发布的法律硕士指导性培养方案和代表性高校法学院法学研究生的培养方案，目前我国法学研究生"多元"KAQ培养模式的构成如表4-2所示：

表2　法学研究生"多元"KAQ培养模式构成表

构成		法学研究生"多元"KAQ培养模式
知识	法律硕士	掌握中国特色社会主义理论体系；全面掌握法学基本原理，特别是社会主义法学基本原理；具备从事法律职业所要求的法律知识和法律术语
	法学硕士	掌握中国特色社会主义理论体系；全面、系统、深入地掌握法学学科的基础理论和专业知识，特别是社会主义法学基本原理；系统地掌握专业方向知识和原理

（续上表）

构成		法学研究生"多元"KAQ培养模式
知识	法学博士	掌握中国特色社会主义理论体系；全面、系统、深入地掌握法学学科的基础理论和专业知识，特别是社会主义法学基本原理；较好地掌握专业方向知识和原理
能力	法律硕士	具备从事法律职业所要求的法律思维、法律方法和法律技能；能综合运用法律和其他专业知识，具有独立从事法务工作的能力
	法学硕士	具备独立的学术研究能力和法律职业技能
	法学博士	具备独立从事系统的法学研究的学术能力和高层次法务工作的能力
素质	法律硕士	具有良好的政治素质和道德品质；遵循法律职业伦理和法律职业道德规范；具有较强的专业素质、健康的身心素质
	法学硕士	具有较好的政治素质、品德素质；具有较强的专业素质，良好的学术素养、身心素质
	法学博士	具有较好的政治素质、品德素质；具有较强的专业素质，优秀的学术素养、身心素质

　　我国高等学校法学本科学生"多元"KAQ培养模式的实践可分为两个阶段。第一阶段是1995年至2011年，在此阶段虽然形成了"通识教育型""跨学科型"和"国际型"三种法学本科学生"多元"KAQ培养模式，但是多数高校法学本科学生的培养模式是"单一型"KAQ培养模式，导致法学本科生培养质量偏低；第二阶段是2012年至今，这一阶段在"卓越"目标的推动下，多数高校开始对既有的法学本科学生"单一型"KAQ培养模式进行改革，经过多年的实践，在构建"多元"KAQ培养模式方面积累了有益的经验，具体而言：其一，分类型培养学生；其二，增加通识教育的分量；其三，加强法律实践教学；其四，提升国际化教学水平。我们反思了1995年迄今法学本科学生"多元"KAQ培养模式的实践，认为现行法学本科学生"多元"KAQ培养模式仍存在不足之处：第一，培养模式的目标——"法治人才"有待具体化；第二，法学专业课程体系缺乏创新和特色；第三，传统课堂讲授法教学效果不佳；第四，考试制度存

在重总结性评价、与法律职业资格考试相脱节和考试形式过分单一等问题。

我国高等学校法学研究生"多元"KAQ培养模式的实践也可分为两个阶段。第一阶段是1995年至2011年，在此阶段法学研究生KAQ培养模式从"单一学术型"KAQ培养模式逐渐发展成"多元"KAQ培养模式，但法学研究生的培养质量出现了明显下滑的趋势；第二阶段是2012年至今，在"协同创新"理念指引下，我国高校开始在这一阶段探索"协同创新"法学研究生"多元"KAQ培养模式，进行了"跨学科协同创新"和"跨培养主体协同创新"的教育实践，取得了良好的效果。我们同样反思了1995年迄今法学研究生"多元"KAQ培养模式的实践，发现法学研究生"多元"KAQ培养模式依然存在如下具体问题：其一，法学研究生培养模式的目标不清晰；其二，法学研究生的课程设置仍主要是以理论课程为主，跨学科课程和实践性课程所占比例较小；其三，法学研究生的教学方法较单一，仍以课堂研讨式教学方法为主；其四，法学研究生的考试制度重视学位论文，忽视了常规课程考试制度，造成法学研究生"严进宽出"，不利于提升培养质量。

域外的德国、法国、英国和美国都对高等学校传统的法科学生培养模式进行了不同程度的改革。分析它们改革的得与失，借鉴它们的成功经验，可以为我国高等学校法科学生"多元"KAQ培养模式提供更多的可选择的改革路径。我们先总结了德国法科学生培养模式改革的经验，发现德式改革在保留传统法科学生培养模式优势的基础之上，以培养法官为核心目标，另增加培养律师所需的非诉知识、技能和素质作为次要目标，不仅传统课程体系添加了涵盖培养律师的知识、能力和素质的课程，而且将大学考试与国家司法考试相衔接。法国法科学生培养模式改革的启示则是培养目标以学生为本，充分地考虑学生成长的多种可能性。法国高校法学院课程体系中非法学学科或交叉学科的课程占有较大比例，教学内容体现较强的实践导向，使得学生具有多元的知识结构和一定的法律职业技能。英国法科学生培养模式的目标也从培养单一型的律师转向具有全面能力的法律人。在英国法学学生培养模式的改革过程中，重视整合法学理论界和法律实务界的资源，建立完善的教育质量管理制度，积极借鉴其他学科的先进教学方法，提高了学生培养的质量。这些改革路径值得我们学习和借鉴。美国大学法学院在美国律师协会不断提高的法学院认证标准推动下持续地改革，大胆创新了本科后的学生培养模式，形成了"知识—技能—伦理"并进的新模式。在新的法科学生培养模式中，课堂设置注重综合性和学生的可体验性，在第一学年保留了传统教学方法，而在高年级则采用跨学科协同教学法和体验式学习教学法。我们可以借鉴美国的改革经验，进一步完善法学硕士研究生"多元"KAQ培养模式。

在反思我国高等学校法科学生"多元"KAQ培养模式三十多年的实践之后，我们发现了现行法科学生培养模式中培养目标、课程设置、教学方法和考试制度四个主要部分所存在的具体问题，再结合域外高等学校法科学生培养模式改革的成功经验，提出法学本科学生"多元"KAQ的改革路径为：其一，培养目标应定位为以培养法官为主，培养律师为辅；其二，课程设置回归法学专业课程的设计，将法学专业课程打造成传授知识、能力和伦理的综合性课程；其三，教学方法上重点提升传统讲授法的教学效果，构建一体化的课堂教学；其四，考试制度要有所创新，呼吁将大学的考试制度与国家法律资格考试相衔接。而法学研究生"多元"KAQ培养模式的改革路径则为：第一，培养目标定位应清晰化，以培养法治人才为主，仅法学博士研究生的培养目标定位为高层次的学术型法律人才；第二，课程设置应当更加多样化，尤其是法律硕士研究生和法学硕士研究生的课程应加重通识课程、交叉学科课程、实践课程和综合课程的比例；第三，教学方法应更加多元化，高年级阶段应主要采用"体验式学习教学法"；第四，考试制度应当严格化，建立完善的形成性评价，鼓励学生参与评价制度。我们相信我国高等法学教育确定了正确的培养目标，并从课程设置、教学方法和考试制度等多方面完善高等学校法科学生"多元"KAQ培养模式之后，将为法治中国培养更多高素质的复合型法治人才。

附　录

"菜单案"鉴定式案例报告

肖某到甲海鲜餐馆就餐，看到菜单上写着："海捕大虾38元"，认为是一份大虾38元。于是，他在点菜时向服务员点了大虾。结账时，服务员给他的账单上标注的则是大虾1 500元。餐馆解释菜单上的"海捕大虾38元"指的是一只38元，要求肖某按账单支付全部餐费。肖某主张仅能以38元计算大虾价款。试问此案应如何运用请求权基础方法进行分析？

"菜单案"系争的餐饮服务合同是无名合同，根据《中华人民共和同法》（以下简称《合同法》）第一百二十四条的规定："本法分则或者其他法律没有明文规定的合同，适用本法总则的规定，并可以参照本法分则或者其他法律最相类似的规定。"以下参照《合同法》分则"买卖合同"中最相类似的规定分析甲海鲜餐馆（以下简称"甲"）对肖某的价款请求权。假设甲能够以《合同法》第一百五十九条第1句为法律依据请求肖某支付价款。

根据《合同法》第一百五十九条第1句的规定，餐饮服务合同价款请求权的构成要件有二：其一，双方缔结的合同成立且生效；其二，餐饮服务消费者未按约定支付价款。下文将具体分析本案的案例事实是否符合价款请求权的构成要件。

首先，双方缔结的合同是否已经成立？从案例事实来看，"菜单案"当事人双方对究竟是"一份"大虾38元还是"一只"大虾38元产生歧义。因此，要分析双方缔结的餐饮合同是否成立，必须从意思表示的解释着手。根据《合同法》第十五条第一款的规定："要约邀请是希望他人向自己发出要约的意思表示。寄送的价目表、拍卖公告、招标公告、招股说明书、商业广告等为要约邀请。"甲提供的菜单标明"海捕大虾38元"。该菜单虽标明了标的物和价款，但其针对的是不特定的主体，不符合要约的构成要件，实为典型的要约邀请。根据《合同法》第十四条的规定："要约是希望和他人订立合同的意思表示，该意思表示应当符合下列规定：（一）内容具体确定；（二）表明经受要约人承诺，要约人即受该意思表示约束"，要约的构成要件细分为：其一，要约是特定人所为的意思表示；其二，必须具有订立合同的目的并表明一经承诺即受拘束的意旨；其三，内容必须具体确定，即有明确的当事人、标的和数量；其四，向要约人希望与之缔结合同的相对人发出。肖某根据菜单向服务员点了大虾。首先，肖某是特定人，其点虾时不仅是完全民事行为能力人，而且神志清醒，将其内心欲与甲缔结餐饮合同的效果意思明确表达出来，符合特定人所为的意思表示要件；其次，肖某具有订立餐饮合同的目的且明确表明一经甲承诺即受拘束的意旨；再次，意思表示的内容是具体确定的，有明确的当事人、标的（肖某支付价款的作为和甲提供餐饮服务的作为）和数量（一份）；最后，肖某是向相对人甲发出的意思表示。根据《中华人民共和国民法总则》（以下简称《民法总则》）第一百七十条第一款的规定："执行法人或者非法人组织工作任务的人员，就其职权范围内的事项，以法人或者非法人组织的名义实施民事法律行为，对法人或者非法人组织发生效力"，而此案中服务员是甲的雇员，肖某向其点餐实为向甲发出意思表示。因此，肖某向甲的服务员点虾符合要约的构成要件，为一项希望和他人订立合同的意思表示。但是，甲主张肖某的要约是希望与之订立一只大虾38元餐饮合同的意思表示，而肖某则力主自己发出的是一项希望与甲订立一份大虾38元餐饮合同的意思表示。本案的核心是对肖某的要约的具体含义进行解释。

根据《民法总则》第一百四十二条第一款的规定："有相对人的意思表示的解释，应当按照所使用的词句，结合相关条款、行为的性质和目的、习惯以及诚信原则，确定意思表示的含义"，有相对人的意思表示的解释采"温和表示主义"的解释原则。此原则考虑"可归责性"，区别不同情形，根据特定情形应当优先保护的利益，确定解释的方向或立场：其一，有相对人的意思表示解释原则上采表示主义，意思表示按照理性受领人合理信赖的内容发生法律效果；其二，有相对人的意思表示解释在例外情形采意思主义。所谓的例外情形通常为：第一，虽然表意人内在意思与外在表示不一致，但意思表示的受领人知道表意人的内心真意，此时，受领人就不会对外在表示产生信赖，无须受到保护；第二，虽然内在意思与外在表示不一致，并且受领人不知道表意人的内心真意，但受领人在尽到交易上的合理注意后应当知道表意人的内心真意（即应知而不知），此时，受领人对外在表示的信赖就不值得保护。前述已经分析"菜单案"中的肖某所为的意思表示为要约，此为典型的有相对人的意思表示。对于肖某的要约具体内容的解释原则上应采表示主义，按照理性受领人合理信赖的内容发生法律效果。但从本案的事实来看，甲作为普通餐馆的经营者，熟悉餐饮市场规则，其作为受领人在尽到交易上的合理注意后应当知道表意人肖某的内心真意为"一份"大虾38元。因此，甲对表意人外在表示的信赖并不值得保护，即意思表示解释的方向应探究表意人的内心真意。显然，表意人肖某的内心真意为其证明的希望相对人与之缔结"一份"大虾38元的餐饮合同。综上，当意思表示解释从肖某的内心真意出发，其发出的要约数量应为"一份"。

《合同法》第二十一条规定："承诺是受要约人同意要约的意思表示。"另据《民法总则》第一百七十条第一款规定，餐馆服务员记下肖某的点虾要求即为受要约人甲同意为其提供一份大虾38元的餐饮合同的承诺。《合同法》第二十三条的规定："承诺应当在要约确定的期限内到达要约人。要约没有确定承诺期限的，承诺应当依照下列规定到达：（一）要约以对话方式作出的，应当即时作出承诺，但当事人另有约定的除外；（二）要约以非对话方式作出的，承诺应当在合理期限内到达。"此案中要约是以对话方式作出的，承诺应当及时作出，甲的承诺符合此要求。《合同法》第二十六条规定："承诺通知到达要约人时生效。承诺不需要通知的，根据交易习惯或者要约的要求作出承诺的行为时生效。"根据交易习惯，餐馆服务员写下订单时意味着承诺生效。最后，根据《合同法》第二十五条的规定："承诺生效时合同成立"，甲承诺生效时，肖某与甲缔结的餐饮合同成立。

其次，双方缔结的合同是否生效？是否有效力阻却事由？《民法总则》第一百四十七条规定："基于重大误解实施的民事法律行为，行为人有权请求人民法院或者仲裁机构予以撤销。"《合同法》第五十四条也明确规定了因重大误解订立的合同，当事人一方有权请求人民法院或者仲裁机构撤销合同。肖某和餐馆缔结的餐饮合同经意思表示解释为：表意人点餐为希望与相对人缔结"一份"大虾38元的意思表示，而相对人甲记下订单的行为则是同意以"一份"大虾38元提供餐饮服务的意思表示。如此，双方缔结了一份大虾38元的餐饮合同。但餐馆如果能证明自己符合重大误解的构成要件，则有权以重大误解为由撤销一份大虾38元的餐饮合同。重大误解的构成要件有二：其一，表意人对合同内容发生具有交易上重要性的认识错误或表示错误；其二，因为错误，致使表意人表示出来的意思与其内心真意不一致。具体至本案，甲必须证明自己作为承诺的表意人对合同内容发生具有交易上重要性的认识错误，即甲对肖某向自己发出的提供大虾餐饮服务的数量发生了认识错误，误以为是"一只"大虾38元。同时，甲还必须证明因为认识错误，导致自己表示出来的意思与内心真意（一只大虾38元）不一致。如果甲证明符合重大误解的构成要件，那么人民法院或仲裁机构将撤销此案系争的餐饮合同。如果甲无法证明符合重大误解的构成要件，那么甲和肖某缔结的合同成立、有效且生效。

本案中，肖某在甲处消费之后，拒绝支付餐费，符合未按约定支付价款的要件。因此，本案的案例事实符合价款请求权的构成要件。此案中，肖某已经消费了大虾，甲也是正常经营的法人，不符合《合同法》第六十六条、第六十七条和第六十八条的抗辩权的构成要件，其不享有同时履行抗辩权、顺序抗辩权和不安抗辩权。根据《民法总则》第一百九十二条第一款的规定，诉讼时效期间届满的，义务人可以提出不履行义务的抗辩。另据《民法总则》第一百八十八条的规定，我国普通诉讼时效的期间为3年。从案例事实来看，3年诉讼时效期间未届满，肖某作为义务人不可以提出不履行支付价款义务的抗辩。该项价款请求权能够强制执行。

综上所述，我们认为如果甲未以重大误解为由撤销双方缔结的餐饮合同，那么甲能够以《合同法》第一百五十九条第 1 句为法律依据请求肖某支付 38 元价款。如果甲能证明自己重大误解且人民法院或仲裁机构撤销餐饮合同，那么肖某或许能够根据《合同法》第五十八条的规定请求甲对其信赖利益承担损害赔偿之责（关键是肖某能否证明甲有过失）。

参考文献

一、著作

（一）中文著作

［1］戴东雄：《中世纪意大利法学与德国的继受罗马法》，中国政法大学出版社 2003 年版。

［2］费安玲等：《中国法学专业本科课程体系设计改革研究》，中国政法大学出版社 2016 年版。

［3］付子堂主编：《当代中国转型期的法学教育发展之路》，法律出版社 2010 年版。

［4］霍启丹：《中国法学教育的发展与转型（1978—1998）》，法律出版社 2004 年版。

［5］霍启丹：《法律教育：从社会人到法律人的中国实践》，中国政法大学出版社 2010 年版。

［6］孟庆瑜、陈玉忠等著：《应用型、复合型卓越法律人才培养模式改革研究：河北大学法律人才培养模式改革与实践》，法律出版社 2016 年版。

［7］孙孔懿：《素质教育概论》，人民教育出版社 2001 年版。

［8］孙晓楼等：《法律教育》，中国政法大学出版社 2004 年版。

［9］单晓华、韩涛：《卓越法律人才教育培养模式与实现路径研究》，知识产权出版社 2015 年版。

［10］徐祥民主编：《以培养卓越法律人才为目标：法律人才培养模式改革研究》，中国法制出版社 2015 年版。

［11］张卫平：《法学研究与教育方法论》，法律出版社 2017 年版。

（二）译著

［1］［美］布赖恩·Z.塔玛纳哈著，秦洁译：《走下神坛：美国法学院现状观察》，法律出版社 2017 年版。

［2］［美］邓肯·肯尼迪著，蔡琳译：《法律教育与等级制度的再生产：法学院教育体系的批评》，中国政法大学出版社 2012 年版。

［3］［德］弗朗茨·维亚克尔著，陈爱娥、黄建辉译：《近代私法史：以德意志的发展为观察重点》，上海三联书店 2006 年版。

［4］［英］罗伯特·史蒂文斯著，李立风译：《法学院》，北京大学出版社 2017 年版。

［5］［德］罗兰德·史梅尔著，胡苗苗译：《如何解答法律题：解题三段论、正确的表达和格式》，北京大学出版社 2019 年版。

（三）外文著作

［1］Alli Gerkman & Elena Harmon, *Ahead of the Curve*：*Turning Law Students into Lawyers*. Institution for the Advancement of the American Legal System, 2015.

［2］Bob Reinalda & Ewa Kulesza. *The Bologna Process*：*Harmonizing Europe's Higher Education*. Barbara Budrich Publisher, 2005.

［3］Catherine L. Carpenter, *A Survey of Law School Curricula*：*2002 – 2010*. American Bar Association, 2012.

［4］C. C. Langdell, *A Selection of Cases on the Law of Contracts*. The Legal Classics Library, 1983.

［5］Horst – Diether Hensen & Wolfgang Kramer, *Welche Maßnahmen empfehlen sich – auch im Hinblick auf den Wettbewerb zwischen Juristen aus den EG – Staaten – zur Verkürzung und Straffung der Juristenausbildung？*. C. H. Beck, 1990.

［6］James E. Moliterno, *The American Legal Profession in Crisis*：*Resistance and Responses to Change*. Oxford University Press, 2013.

［7］Neil W. Hamilton, *Roadmap*：*The Law Student's Guide to Meaningful*

Employment. American Bar Association，2016.

[8] American Bar Association，*Legal Education and Professional Development：An Education Continuum*，American Bar Asscociation，1992.

[9] Roy Stucky & Others，*Best Practices for Legal Education：A Vision and a Road Map.* Clinical Legal Education Association，2007.

[10] William M. Sullivan，Anne Colby，Judith Welch Wegner & Others，*Educating Lawyers：Preparation for the Profession of Law.* Carnegie Foundation for the Advancement of Teaching，2007.

二、论文

（一）中文论文

[1] 蔡立东、刘晓林：《新时代法学实践教学的性质及其实现方式》，载《法制与社会发展》2018 年第 5 期。

[2] 曹青林：《协同创新与高水平大学建设》，华中师范大学博士学位论文，2014 年。

[3] 陈京春：《论高等政法院校的法律职业能力教育》，载《法学教育研究》2011 年第 1 期。

[4] 陈铁水：《日本法律人才培养模式的评析及启示》，载《云南法学》1998 年第 1 期。

[5] 陈绪纲：《"朗道尔革命"——美国法律教育的转型》，载《北大法律评论》2009 年第 1 辑。

[6] 程雁雷：《创新德法兼修高素质法律人才培养模式的探索与实践》，载《中国法学教育研究》2017 年第 3 辑。

[7] 丁卫：《培养涉外卓越法律人才——西安交通大学"中澳丝路班"的实践与反思》，载《法学教育研究》2019 年第 2 期。

[8] 杜钢建：《国际化法学人才培养模式的摸索》，载《中国大学教学》2008 年第 3 期。

[9] 杜晓明：《德国法学教育简介》，载《北航法律评论》2015 年

第1辑。

[10] 郜占川：《新时代卓越法治人才培养之道与术》，载《政法论坛》2019年第2期。

[11] 法学教指委秘书处：《"培养德法兼修高素质法治人才研讨会"纪要》，载《中国法学教育研究》2017年第3辑。

[12] 房文翠：《知识在法学教育中的属性与效用——兼论我国法学教育知识观的重构》，载《法制与社会发展》2003年第6期。

[13] 高文琦：《波隆那宣言与德国法学教育及法律人职业》，载《法学新论》2009年第15期。

[14] 葛云松：《法学教育的理想》，载《中外法学》2014年第2期。

[15] 葛云松、金可可、田士永等：《法治访谈录：请求权基础的案例教学法》，载《法律适用》（司法案例）2017年第14期。

[16] 郭捷、王贤：《法学人才培养模式创新实验区的教学探索与实践》，载《法学教育研究》2010年第1期。

[17] 郭秀兰：《构建我国现代高等教育的KAQ人才培养模式》，华中师范大学硕士学位论文，2001年。

[18] 郭艳利：《美、英、德、日法律职业教育的比较及启示》，载《中国法学教育研究》2013年第3辑。

[19] 贾宇：《西北政法大学校长贾宇指出：明确法学教育协同创新努力方向》，载《法制资讯》2012年第7期。

[20] 靳文静：《民法课程体系的改进和完善思路——以中国政法大学的民法课程体系为例》，载《中国法学教育研究》2017年第2辑。

[21] 韩波：《论高等法学教育的素质教育理念》，载《法学教育研究》2011年第1期。

[22] 韩赤风：《当代德国法学教育及其启示》，载《比较法研究》2004年第1期。

[23] 韩慧：《英国近代法律教育转型研究》，山东大学博士学位论文，2010年。

[24] 何美欢：《理想的专业法学教育》，载《清华法学》2006年第

9 辑。

[25] 何勤华:《华东政法大学校长何勤华指出:协同创新提升法学教育质量》,载《法制资讯》,2012 年第 7 期。

[26] 胡平仁:《我国法学教育的目标定位与人才培养模式改革》,载《法学教育研究》2010 年第 2 期。

[27] 黄进:《关于〈立格联盟院校法学专业教学质量标准〉的说明》,载《中国法学教育研究》2018 年第 3 辑。

[28] 霍宪丹:《法律职业与法律人才培养》,载《法学研究》2003 年第 4 期。

[29] 霍宪丹:《中国法治的造型基因——简论国家司法考试制度的建立与法律人才培养模式的重塑》,载《环球法律评论》2004 年第 4 期。

[30] 霍宪丹:《法律人才培养模式的反思与探索》,载《中国法学教育研究》2006 年第 2 辑。

[31] 霍宪丹、孙笑侠:《中国法律硕士教育研究——JM 教育培养目标、要求、课程与论文改革研究报告》,载《清华法学》2006 年第 9 辑。

[32] 蒋新苗:《加快构建中国特色法学人才体系》,载《中国大学教学》2017 年第 5 期。

[33] 蒋毅:《在规范与个案之间——法教义学的立场、方法与功用》,载《北航法律评论》2015 年第 1 辑。

[34] 季红明、蒋毅、查云飞:《实践指向的法律人教育与案例分析——比较、反思、行动》,载《北航法律评论》2015 年第 1 辑。

[35] 李婧嵘:《德国法学教育改革发展的经验与借鉴》,载《法学教育研究》2018 年第 3 期。

[36] 李叶:《我国法学研究生教育刍议——从法学硕士与法律硕士的比较切入》,贵州师范大学硕士学位论文,2014 年。

[37] 李响:《美国法学教育的人才培养机制及其借鉴》,载《学位与研究生教育》2019 年第 5 期。

[38] 刘坤轮:《我国法学类专业本科课程体系改革的现状与未来——以五大政法院校类院校为例》,载《中国政法大学学报》2017 年第 4 期。

［39］刘坤轮：《新常态下的中国法学教育：背景与趋势》，载《人民法治》2019 年第 10 期。

［40］刘毅、张陈果：《德国法学教育访谈》，载《社会科学论坛》2007 年第 3 期。

［41］卢春龙：《"四型人才"导向的"四跨"——中国政法大学法治人才培养新模式》载《政法论坛》2019 年第 2 期。

［42］吕涛、窦衍瑞：《应用型法治人才培养的课程体系构建》，载《法学教育研究》2019 年第 2 期。

［43］孟涛：《美国法学教育模式的反思》，载《中国政法大学学报》2017 年第 4 期。

［44］朱明哲：《全球化背景下的法国法学教育——体系化追求及其面临的挑战》，载《中国法学教育研究》2017 年第 2 辑。

［45］宁清同：《我国法学教育培养目标的偏失与矫正探析》，载《中国法学教育研究》2018 年第 3 辑。

［46］潘俊武、张艳菲：《全球化下英国法学教育的发展趋势》，载《法学教育研究》2016 年第 2 期。

［47］潘云鹤：《KAQ 模式与研究生教育》，载《学位与研究生教育》1997 年第 2 期。

［48］秦天宝、扶怡：《德国法学教育的新发展及对我国的启示》，载《江苏大学学报》（社会科学版）2014 年第 5 期。

［49］邱雪梅：《法学本科学生培养模式现状、经验借鉴和改革路径研究》，载《黑龙江高教研究》2015 年第 6 期。

［50］邱雪梅：《高等学校法科学生培养"协同创新"模式研究》，载《河北师范大学》（教育科学版）2015 年第 6 期。

［51］邱雪梅：《我国民法学教学现状与改革研究》，载《高考》（综合版）2015 年第 7 期。

［52］邵建东：《德国法学教育制度漫谈》，载《南京大学法律评论》1996 年第 2 期。

［53］邵建东：《德国"双轨制"法学教育制度及其对我们的启示》，

载山东省法学会编：《法学教育：比较与省思》，中国档案出版社 2002 年版。

［54］邵建东：《德国法学教育制度及其对我们的启示》，载《法学论坛》2002 年第 1 期。

［55］邵建东：《德国法学教育最新改革的核心：强化素质和技能》，载《比较法研究》2004 年第 1 期。

［56］徐显明、黄进、潘剑锋等：《改革开放四十年的中国法学教育》，载《中国法律评论》2018 年第 3 期。

［57］宋鸿雁、闫亚林：《我国法学教育质量标准的相关问题研究》，载《法学教育研究》2016 年第 2 期。

［58］舒洪水：《改革开放四十年来高校法学教育与实务部门的关系发展与展望》，载《法学教育研究》2019 年第 2 期。

［59］苏金远、刘粤琳、李强：《英格兰和威尔士法律教育制度及对我国的启示》，载《西安交通大学学报》（社会科学版）2013 年第 4 期。

［60］苏力：《中国法律技能教育的制度分析》，载《法学家》2008 年第 2 期。

［61］田士永：《法治人才法治化培养的德国经验》，载《中国政法大学学报》2017 年第 4 期。

［62］王晨光：《"个案全过程教学法"是探索法律实践教学新路径》，载《法学》2013 年第 4 期。

［63］王德新：《改革开放四十年来高校法治人才培养的探索与实践》，载《法学教育研究》2019 年第 2 期。

［64］王健：《西方国家怎样培养法律人才——法律人才培养模式之比较》，载《法学教育研究》2010 年第 2 期。

［65］王健：《构建以法律职业为目标导向法律人才培养模式——中国法律教育改革与发展研究报告》，载《法学家》2010 年第 5 期。

［66］王利明：《法学教育的使命》，载《中国法学教育研究》2017 年第 1 辑。

［67］王琦：《我国法律人才培养模式的反思与创新——以法学实验实

践教学改革为视角》，载《海南大学学报》（人文社会科学版）2011 年第
5 期。

　　［68］王蔚：《法国法学教育论纲》，载《中国法学教育研究》2017 年
第 2 辑。

　　［69］吴香香：《德国法学教育借镜》，载《中国法学教育研究》2014
年第 2 辑。

　　［70］夏昊晗：《作为一种范式的德国法学教育——基于文本的分析和
个人的体验》，载《高等教育评论》2016 年第 1 期。

　　［71］夏昊晗：《鉴定式案例研习：德国法学教育皇冠上的明珠》，载
《人民法治》2018 年第 18 期。

　　［72］熊书倩：《论英国法律教育的两次重大转型》，华中科技大学硕
士学位论文，2016 年。

　　［73］许身健：《卓越法律人才教育培养计划之反思与重塑》，载《交
大法学》2016 年第 3 期。

　　［74］杨灿明：《立足学校优势，探索中南特色的卓越法律人才培养模
式》，载《法学教育研究》2015 年第 1 期。

　　［75］杨春福：《国际化研究型法学人才培养模式的探索与实践——以
南京大学法学院为样本》，载《法学教育研究》2010 年第 2 期。

　　［76］杨莉、王晓阳：《美国法学教育特征分析》，载《清华大学教育
研究》2001 年第 2 期。

　　［77］杨攀、杜志红：《"互联网＋法学本科"教学改革的需求、困境
与出路》，载《法学教育研究》2019 年第 2 期。

　　［78］杨秀清：《法学教育培养目标与课程设置之思考》，载《中国法
学教育研究》2006 年第 2 辑。

　　［79］杨学科：《篱笆、渴望和中国法学教育四十年之"不惑"》，载
《法学教育研究》2019 年第 2 期。

　　［80］杨永华：《法学本科素质教育与培养模式初探》，载《大连大学
学报》2009 年第 4 期。

　　［81］杨忠孝：《基于全人教育理念的书院制教育改革——以华东政法

大学为例》，载《法学教育研究》2019年第2期。

［82］易继明：《中国法学教育的三次转型》，载《环球法律评论》2011年第3期。

［83］尹超：《英美法律教育与中国法律教育改革——兼有法律文化的观照》，中国政法大学博士学位论文，2008年。

［84］袁震：《对法国法学教育的观察与思考》，载《法学教育研究》2015年第2期。

［85］袁利平、武星棋：《英国法学教育改革：一种历史与比较的视角》，载《法学教育研究》2018年第2期。

［86］赵相林：《中国法律人才培养的目标》，载《法学家》1998年第5期。

［87］张陈果：《德国法学教育的特色与新动向》，载《人民法治》2018年第18期。

［88］张建文、章晓明：《立德树人、课程育人、培养具有政法特色的高素质法治人才——西南政法大学关于新时代中国特色法学教育路径的探索》，载《法学教育研究》2019年第2期。

［89］张奎宗、王红：《专题考察报告之二：美国法律人才培养模式》，载《法学家》1999年第Z1期。

［90］张莉：《道器一体、学以致用——法国法学高等教育模式研究》，载《中国法学教育研究》2010年第1辑。

［91］张庆章：《社会变迁背景下的中国法学教育—以1977—2007中国法学教育指导原则的演变为视角》，西南政法大学博士学位论文，2008年。

［92］张胜利：《英国法学本科教育和律师职业教育对我们的启示——以英国西英格兰大学（UWE）法学院为例》，载《天津法学》2011年第2期。

［93］张慰：《成为德国法官的教育之路——基于在德国联邦宪法法院的访学经历》，载《法学教育研究》2017年第1期。

［94］张文显、张保生、王树义等：《突破机制体制壁垒组建培养司法

文明协同创新中心》，载《中国高等教育》2013 年第 9 期。

［95］张晓：《试论美国法学教育现代化视野下的判例教学法》，华东政法大学硕士学位论文，2016 年。

［96］张朝霞、［英］卡罗林·斯蒂文斯：《英国法学教育质量的标准与保证——英国 QAA2007 年法律〈学科基准声明〉述评》，载《中国法学教育研究》2011 年第 1 辑。

［97］曾宪义、张文显：《法学本科教育属于素质教育——关于我国现阶段法学本科教育之属性和功能的认识》，载《法学家》2003 年第 6 期。

［98］郑永流：《学术自由、教授治校、职业忠诚——德国法学教育述要》，载《比较法研究》1997 年第 4 期。

［99］郑永流：《国家法律者自国家考试出——德国职业法律者培养和选拔模式一瞥》，载《法律科学》（西北政法大学学报）2001 年第 5 期。

［100］郑永流：《知行合一　经世致用——德国法学教育再述》，载《比较法研究》2007 年第 1 期。

［101］朱明哲：《全球化背景下的法国法学教育——体系性追求及其面临的挑战》，载《中国法学教育研究》2017 年第 2 辑。

（二）译文

［1］［德］阿什特里德·斯达德勒尔，吴泽勇译：《德国法学院的法律诊所与案例教学》，载《法学》2013 年第 4 期。

［2］［德］Peter Gilles、［德］Nikolaj Fischer，张陈果译：《2003 年德国法学教育改革法——兼论德国新一轮法学教育改革论战》，载《司法改革论评》2007 年第 1 期。

［3］［德］彼得·吉勒斯，马云雪译：《德国法学教育新进展：大学法学必修课程之专业技能与替代性纠纷解决方法》，载彭海青、吕泽华、［德］彼得·吉勒斯编著：《德国司法危机与改革：中德司法改革比较与相互启示》，法律出版社 2018 年版。

［4］［德］赫尔塔·多伊布勒—格梅林著，杨阳译：《德国法学教育的新动态——国际化、调解和斡旋》，载南京大学—哥廷根大学中德法学研

究所编:《中德法学论坛》(第2辑),南京大学出版社 2004 年版。

　　［5］［美］Judith A. McMorrow 著,刘春喜、崔相伟、丁相顺译:《美国法学教育和法律职业养成》,载《法学家》2009 年第 6 期。

　　［6］［德］来汉瑞著,陈颖译:《以应用型人才培养为导向的德国法学教育——关于加大应用科学大学参与度的倡议》,载《应用型高等教育研究》2017 年第 4 期。

　　［7］［法］勒内·达维著,百甫译:《法国法学教育》,载《环球法律评论》1983 年第 3 期。

　　［8］［德］沃尔夫冈·塞勒特著,谭娟娟译:《德国法学教育的优势和不足》,载南京大学—哥廷根大学中德法学研究所编:《中德法学论坛》(第1辑),南京大学出版社 2003 年版。

　　(三) 外文论文

　　1. 德文论文

　　［1］ Hans Hattenhauer, Juristenausbildung-Geschichte und Probleme. *Juristische Schulung*, Vol. 29, 1989.

　　［2］ Dieter Medicus, Anspruch und Einrede als Rückgrat einer zivilistischen Lehrmethode. *Archiv für die civilistische Praxis*, H. 2/3, 1974.

　　2. 英文论文

　　［1］ Alice M. Noble – Allgire: Desegregating the Law School Curriculum: How to Integrate More of the Skills and Values Identified by the MacCarte Report into a Doctrinal Course. *Nevada Law Journal*, Vol. 3, 2002.

　　［2］ Andreas Bücker & William A. Woodruff, The Bologna Process and German Legal Education: Developing Professional Competence through Clinical Experience. *German Law Journal*, Vol. 9, 2008.

　　［3］ Bram Akkermans, Challenges in Legal Education and the Development of a New European Private Law. *German Law Journal*, Vol. 10, 2009.

　　［4］ C. Lazar Butler, University of Wisconsin Law School Assessment 2000: Summary Report, 2000.

［5］ David Gijbels, Effects of Problem – Based Learning: A Meta – Analysis from the Angle of Assessment. *Review of Educational Research*, Vol. 75, 2005.

［6］ David I. C. Thomson, Defining Experiential Legal Education, Journal of Experiential Learning, Vol. 1, 2015.

［7］ Gemma Davies & Margaret Woo, Navigating Troubled Seas: The Future of the Law School in the United Kingdom and the United States. *Journal of International and Comparative Law*, Issue 1, 2018.

［8］ Jeffrey Kleeger, Implementing a Meaningful and Effective Legal Education Reform. *Journal of Commonwealth Law and Legal Education*, Vol. 13, 2019.

［9］ John Burwell Garvey & Anne F. Zinkin, Making Law Students Client-Ready: A New Model in Legal Education. *Duke Forum for Law & Social Change*, Vol. 1, 2009.

［10］ Jonathan Bainbridge & Clare Sandford-Couch, Legal History and Student Involvement in the Assessment Process. *Journal of International and Comparative Law*, *Issue* 1, *June* 2018.

［11］ Jonny Hall, An Integrated Law Curriculum: Balancing Learning Experiences to Achieve a Range of Learning Outcomes. *Journal of International and Comparative Law*, Issue 1, 2018.

［12］ Jutta Brunnée, The Reform of Legal Education in Germany: The Never-Ending Story and European Integration. *Journal of Legal Education*, Vol. 42, 1992.

［13］ Karen Tokarz, Antoinette Sedillo Lopez, Peggy Maisel & Others, Legal Education at a Crossroads: Innovation, Integration, and Pluralism Required! . *Washington University Journal of Law & Policy*, Vol. 43, 2014.

［14］ Philip A. Thomas & Geoff M. Mungham, English Legal Education: A Commentary on the Ormrod Report. *Valparaiso University Law Review*, Vol. 7, 1972.

［15］ Russell Engler, The MacCrate Report Turns 10: Assessing its Impact and Identifying Gaps We Should Seek to Narrow. *Clinical Law Review*,

Vol. 8, 2001.

[16] Stefan Korioth, Legal Education in Germany Today. *Wisconsin International Law Journal*, Vol. 24, 2006.

[17] William M. Sullivan, After Ten Years: The Carnegie Report and Contemporary Legal Education. *University of St. Thomas Law Journal*, Vol. 14, 2018.

[18] London School of Economics and Political Science, London School of Economics and Political Science: Student Handbook, 2014.

[19] David I. C. Thomson, Defining Experiential Legal Education, *Journal of Experiential Learning*, Vol. 1, 2015.

后　记

　　《高等学校法科学生"多元"KAQ培养模式研究》是基于我2011—2014年主持的广州市教育科学规划项目"高等学校法科学生培养模式改革研究"的成果上的延伸研究。作为一名工作在地方普通高校法学院的一线教师，时常思考的就是如何站好三尺讲台，培养出更多优秀的学生。在查找和阅读国内外高等法学教育改革的文献过程中，我逐渐发现要真正培养高质量的法科生，仅靠教师的一己之力是难以完成的，需要举整个法学院甚至社会各界之力，方能有所作为。当我深入考察域外一流法学院和国内以中国政法大学为代表的"双一流"高校的培养模式，惊觉这些法学院和政法院校已经在法科学生培养模式改革之路上走得很远，不禁为普通高校法学院的学生深深担忧。随着法治中国的发展，中国未来的高等法学教育必然是精英式的教育，将淘汰不少无法达标的法学院系和教师，我希望自己不是其中一员。感谢我的学生们对我教学的认可和鼓励，正是他们的鞭策让我持续地关注法学教育改革，不断更新和完善民法专业课程的教学内容和方法。感谢我的工作单位广州大学对我的教学和科研工作的支持，感谢暨南大学出版社以及本书的编辑对本书的出版所提供的帮助。最后，这本小书是我撰写的第一本教学科研类的专著，我将以它为基础继续探索培养学生的最佳模式。

邱雪梅

2019年10月